EL CANTO DEL PAJARO

Colección «EL POZO DE SIQUEM»

15

ANTHONY DE MELLO, S. J.

EL CANTO DEL PAJARO

17ª Edición

1.ª edición de	6.000 ejs.	Diciembre	1982
2.ª edición de	6.000 ejs.	Junio	1983
3.ª edición de	6.000 ejs.	Noviembre	1983
4.ª edición de	5.000 ejs.	Febrero	1984
5.ª edición de	4.000 ejs.	Mayo	1984
6.ª edición de	4.000 ejs.	Setiembre	1984
7.ª edición de	5.000 ejs.	Diciembre	1984
8.ª edición de	5.000 ejs.	Mayo	1985
9.ª edición de	10.000 ejs.	Agosto	1985
10.ª edición de	10.000 ejs.	Mayo	1986
11.ª edición de	10.000 ejs.	Marzo	1987
12.ª edición de	10.000 ejs.	Diciembre	1987
13.ª edición de	10.000 ejs.	Junio	1988
14.ª edición de	10.000 ejs.	Febreo	1989
15.ª edición de	10.000 ejs.	Octubre	1989
16.ª edición de	10.000 ejs.	Mayo	1990
17.ª edición de	10.000 ejs.	Mayo	1991

Título original en inglés:
The Song of the Bird

© by Anthony de Mello, S. J.
Lonavla (India) 1982.

Traducción al castellano:
Jesús García Abril, S. J.

INDICE

Este libro ha sido escrito para gentes de cualquier creencia, religiosa o no-religiosa. No puedo ocultar a mis lectores, sin embargo, el hecho de que yo soy sacerdote de la Iglesia Católica, que me he adentrado con toda libertad en tradiciones místicas no-cristianas y que éstas me han influenciado y enriquecido profundamente. A pesar de lo cual, nunca he dejado de volver a mi Iglesia, que es mi verdadero hogar espiritual; y aunque me doy perfecta cuenta (a veces con auténtico asombro) de sus limitaciones y de su ocasional estrechez, también soy perfectamente consciente de que ha sido ella la que me ha formado, me ha moldeado y ha hecho de mí lo que soy. Por eso es a ella, mi Madre y Maestra, a quien deseo dedicar amorosamente este libro.

A todo el mundo le gustan los cuentos, y son precisamente cuentos —y en abundancia— lo que el lector hallará en este libro: cuentos budistas, cuentos cristianos, cuentos Zen, cuentos asideos, cuentos rusos, cuentos chinos, cuentos hindúes, cuentos Sufi, cuentos antiguos y modernos.

Estos cuentos poseen todos ellos, sin embargo, una peculiar característica: si se leen de una determinada manera, ocasionan un verdadero crecimiento espiritual.

COMO LEER ESTOS CUENTOS

Hay tres modos de hacerlo:

1   Leer un cuento una sola vez y pasar al siguiente. Este modo de leer sirve únicamente de entretenimiento.

2   Leer un cuento dos veces, reflexionar sobre él y aplicarlo a la propia vida. Es una especie de teología que puede practicarse con bastante provecho en grupos pequeños en los que cada miembro comparte con los demás las reflexiones que el cuento le ha suscitado. Lo que se origina entonces es un círculo teológico.

3   Volver a leer el cuento, después de haber reflexionado sobre él. Crear un silencio interior y dejar que el cuento le revele a uno su profundo significado interno. Un significado que va mucho más allá de las palabras y las reflexiones. Esto lleva progresivamente a adquirir una especie de sensibilidad para lo místico.

También se puede tener presente el cuento durante todo el día y dejar que su *fragancia* o su *melodía* le ronde a uno. Es preciso dejar hablar al corazón, no al cerebro. De este modo también se hace uno una especie de místico. Y es precisamente con esta finalidad mística con la que han sido escritos la mayoría de estos cuentos

ADVERTENCIA

La mayor parte de los cuentos van acompañados de un comentario, el cual no pretende ser sino un ejemplo del tipo de comentario que cada cual puede hacer. Haga el lector sus propios comentarios, sin conformarse con los que ofrece el libro, porque éstos muchas veces evidenciarán su carácter limitativo y, en ocasiones, hasta engañoso.

¡Cuidado con aplicar el cuento a cualquier persona (un sacerdote, un vecino, la misma Iglesia) que no sea uno mismo! Si así se hace, el cuento será espiritualmente dañoso. Cada uno de estos cuentos tiene que ver con uno mismo, no con cualquier otra persona.

Si se lee el libro por primera vez, léanse los cuentos en el orden en que están. Dicho orden pretende comunicar una enseñanza y un espíritu que pueden perderse si se leen los cuentos al azar.

GLOSARIO

Teología: El arte de narrar cuentos acerca de lo divino. También, el arte de escuchar dichos cuentos.

Misticismo: El arte de gustar y sentir en el corazón el significado interno de dichos cuentos, hasta el punto de ser transformado por ellos.

COME TU MISMO LA FRUTA

En cierta ocasión se quejaba un discípulo a su Maestro:

«Siempre nos cuentas historias,
pero nunca nos revelas su significado».

El Maestro le replicó:

«¿Te gustaría que alguien te ofreciera fruta
y la masticara antes de dártela?».

Nadie puede descubrir tu propio significado en tu lugar. Ni si
quiera el Maestro.

UNA VITAL DIFERENCIA

Le preguntaron cierta vez a Uwais, el Sufi:

«¿Qué es lo que la Gracia te ha dado?».

Y les respondió:

«Cuando me despierto por las mañanas,
me siento como un hombre que no está seguro
de vivir hasta la noche».

Le volvieron a preguntar:

«Pero esto ¿no lo saben todos los hombres?».

Y replicó Uwais:

«Sí, lo saben;
Pero no todos lo **sienten**».

Jamás se ha emborrachado nadie a base de comprender intelectualmente la paiabra VINO.

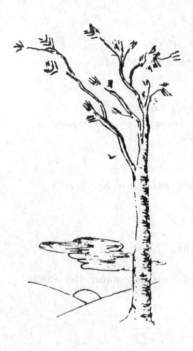

EL CANTO DEL PAJARO

*Los discípulos tenían multitud de preguntas que hacer
acerca de Dios.*

*Les dijo el Maestro: «Dios es el Desconocido
y el Incognoscible. Cualquier afirmación
acerca de El, cualquier respuesta a vuestras preguntas,
no será más que una distorsión de la Verdad».*

*Los discípulos quedaron perplejos: «Entonces,
¿por qué hablas sobre El?».*

*«¿Y por qué canta el pájaro?», respondió
el Maestro.*

El pájaro no canta porque tenga una afirmación que hacer.
Canta porque tiene un canto que expresar.

Las palabras del alumno tienen que ser entendidas. Las del Maestro no tienen que serlo. Tan sólo tienen que ser escuchadas, del mismo modo que uno escucha el viento en los árboles y el rumor del río y el canto del pájaro, que despiertan en quien lo escucha algo que está más allá de todo conocimiento.

EL AGUIJON

Hubo un santo que tenía el don
de hablar el lenguaje de las hormigas.
Se acercó a una que parecía más enterada
y le preguntó: «¿Cómo es el Todopoderoso?
¿Se parece de algún modo a las hormigas?».

La docta hormiga le respondió: «¿El Todopoderoso?
En absoluto. Las hormigas, como puedes ver,
tenemos un solo aguijón.
Pero el Todopoderoso tiene **dos***».*

Escena sugerida por el anterior cuento:

Cuando se le preguntó cómo era el cielo, la sabia hormiga replicó solemnemente: «Allí seremos igual que El, con dos aguijones cada uno, aunque más pequeños».

Existe una fuerte controversia entre las distintas escuelas de pensamiento religioso acerca de dónde exactamente se hallará ubicado el segundo aguijón en el cuerpo glorioso de la hormiga.

EL ELEFANTE Y LA RATA

*Se hallaba un elefante bañándose tranquilamente
en un remanso, en mitad de la jungla, cuando, de
pronto, se presentó una rata y se puso a insistir
en que el elefante saliera del agua.*

*«No quiero», decía el elefante. «Estoy disfrutando
y me niego a ser molestado».*

*«Insisto en que salgas ahora mismo»,
le dijo la rata.*

«¿Por qué?», preguntó el elefante.

*«No te lo diré hasta que hayas salido de ahí»,
le respondió la rata.*

«Entonces no pienso salir», dijo el elefante.

*Pero, al final, se dio por vencido. Salió pesadamente
del agua, se quedó frente a la rata y dijo:
«Está bien; ¿para qué querías que saliera del agua?».*

*«Para comprobar si te habías puesto mi bañador»,
le respondió la rata.*

Es infinitamente más fácil para un elefante ponerse el bañador
de una rata que para Dios acomodarse a nuestras doctas ideas
acerca de El.

LA PALOMA REAL

Nasruddin llegó a ser primer ministro del rey.
En cierta ocasión, mientras deambulaba por el
palacio, vio por primera vez en su vida
un halcón real.

Hasta entonces, Nasruddin jamás había visto
semejante clase de **paloma**. *De modo que tomó*
unas tijeras y cortó con ellas las garras,
las alas y el pico del halcón.

«Ahora pareces un pájaro como es debido», dijo.
«Tu cuidador te ha tenido muy descuidado».

¡Ay de las gentes religiosas
que no conocen más mundo que aquel en el que viven
y no tienen nada que aprender
de las personas con las que hablan!

EL MONO QUE SALVO A UN PEZ

> «¿Qué demonios estás haciendo?»,
> le pregunté al mono cuando le vi sacar
> un pez del agua y colocarlo en la rama
> de un árbol.

> «Estoy salvándole de perecer ahogado»,
> me respondió.

Lo que para uno es comida, es veneno para otro.

El sol, que permite ver al águila,
ciega al búho.

SAL Y ALGODON EN EL RIO

Llevaba Nasruddin una carga de sal
al mercado. Su asno tuvo que vadear
un río y la sal se disolvió.
Al alcanzar la otra orilla, el animal
se puso a corretear, contentísimo de
haber visto aligerada su carga.
Pero Nasruddin estaba enfadado de veras.

Al siguiente día en que había mercado,
Nasruddin cubrió los sacos con
abundante algodón. Al cruzar el río,
el asno casi se ahoga por culpa
del exceso de peso.

«¡Tranquilízate!», dijo alborozado
Nasruddin. «¡Esto te enseñará que,
no siempre que cruces el río
vas a ganar tú!».

Dos hombres se aventuraron en la religión.
Uno de ellos salió vivificado. El otro se ahogó.

LA BUSQUEDA DEL ASNO

Todo el mundo se asustó al ver
al Mullah Nasruddin recorrer
apresuradamente las calles de la aldea,
montado en su asno.

«¿Adónde vas, Mullah?, le preguntaban.

«Estoy buscando a mi asno», respondía
Nasruddin al pasar.

En cierta ocasión vieron a Rinzai, el Maestro de Zen, buscando
su propio cuerpo. Ello hizo que se rieran mucho sus más estúpidos discípulos.

¡Llega uno a encontrarse con gente seriamente dedicada a buscar
a Dios!

LA VERDADERA ESPIRITUALIDAD

Le preguntaron al Maestro:
«¿Qué es la espiritualidad?».

«La espiritualidad», respondió, «es lo que
consigue proporcionar al hombre
su transformación interior».

«Pero si yo aplico los métodos tradicionales
que nos han transmitido los Maestros,
¿no es eso espiritualidad?».

«No será espiritualidad si no cumple
para ti esa función. Una manta ya no es
una manta si no te da calor».

«¿De modo que la espiritualidad cambia?».

*«Las personas cambian, y también sus necesidades.
De modo que lo que en otro tiempo fue
espiritualidad ya no lo es. Lo que muchas veces
pasa por espiritualidad no es más que
la constancia escrita de métodos pasados».*

Hay que cortar la chaqueta de acuerdo con las medidas de la persona, y no al revés.

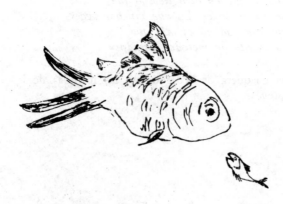

EL PEQUEÑO PEZ

«Usted perdone», le dijo un pez a otro,
«es usted más viejo y con más experiencia que yo
y probablemente podrá usted ayudarme. Dígame:
¿dónde puedo encontrar eso que llaman Océano?
He estado buscándolo por todas partes,
sin resultado».

«El Océano», respondió el viejo pez, «es donde
estás ahora mismo».

«¿Esto? Pero si esto no es más que agua...
Lo que yo busco es el Océano», replicó el joven pez,
totalmente decepcionado, mientras se marchaba
nadando a buscar en otra parte.

Se acercó al Maestro, vestido con ropas sannyasi y hablando el
lenguaje de los sannyasi: «He estado buscando a Dios durante
años. Dejé mi casa y he estado buscándolo en todas las partes
donde El mismo ha dicho que está: en lo alto de los montes,
en el centro del desierto, en el silencio de los monasterios y en
las chozas de los pobres».

«¿Y lo has encontrado?», le preguntó el Maestro.

«Sería un engreído y un mentiroso si dijera que sí. No; no lo he encontrado. ¿Y tú?».

¿Qué podía responderle el Maestro? El sol poniente inundaba la habitación con sus rayos de luz dorada. Centenares de gorriones gorjeaban felices en el exterior, sobre las ramas de una higuera cercana. A lo lejos podía oírse el peculiar ruido de la carretera. Un mosquito zumbaba cerca de su oreja, avisando que estaba a punto de atacar... Y sin embargo, aquel buen hombre podía sentarse allí y decir que no había encontrado a Dios, que aún estaba buscándolo.

Al cabo de un rato, decepcionado, salió de la habitación del Maestro y se fue a buscar a otra parte.

*   *   *

Deja de buscar, pequeño pez. No hay nada que buscar. Sólo tienes que estar tranquilo, abrir tus ojos y *mirar*. No puedes dejar de verlo.

¿HAS OIDO EL CANTO DE ESE PAJARO?

Los hindúes han creado una encantadora imagen para describir la relación entre Dios y su Creación. Dios «danza» su Creación. El es su bailarín; su Creación es la danza. La danza es diferente del bailarín; y, sin embargo, no tiene existencia posible con independencia de El. No es algo que se pueda encerrar en una caja y llevárselo a casa. En el momento en que el bailarín se detiene, la danza deja de existir.

En su búsqueda de Dios, el hombre piensa demasiado, reflexiona demasiado, habla demasiado. Incluso cuando contempla esta danza que llamamos Creación, está todo el tiempo pensando, hablando (consigo mismo o con los demás), reflexionando, analizando, filosofando. Palabras, palabras, palabras... Ruido, ruido, ruido...

Guarda silencio y mira la danza. Sencillamente, mira: una estrella, una flor, una hoja marchita, un pájaro, una piedra... Cualquier fragmento de la danza sirve. Mira. Escucha. Huele. Toca. Saborea. Y seguramente no tardarás en verle a él, al Bailarín en persona.

El discípulo se quejaba constantemente
a su Maestro Zen: «No haces más que ocultarme
el secreto último del Zen». Y se resistía
a creer las consiguientes negativas del Maestro.

Un día, el Maestro se lo llevó a pasear
con él por el monte. Mientras paseaban,
oyeron cantar a un pájaro.

«¿*Has oído el canto de ese pájaro?*»,
le preguntó el Maestro.

«*Sí*», *respondió el discípulo.*

«*Bien; ahora ya sabes que no te he estado
ocultando nada*».

«*Sí*», *asintió el discípulo.*

Si realmente has oído cantar a un pájaro, si realmente has visto
un árbol..., deberías saber (más allá de las palabras y los
conceptos).

¿Qué dices? ¿Que has oído cantar a docenas de pájaros y has
visto centenares de árboles? Ya. Pero lo que has visto ¿era el
árbol o su descripción? Cuando miras un árbol y ves un árbol,
no has visto realmente el árbol. Cuando miras un árbol y ves
un milagro, entonces, por fin, has visto un árbol. ¿Alguna vez
tu corazón se ha llenado de muda admiración cuando has oído
el canto de un pájaro?

¡PUEDO CORTAR MADERA!

Cuando el Maestro de Zen alcanzó la iluminación,
escribió lo siguiente para celebrarlo:

«¡Oh, prodigio maravilloso:
Puedo cortar madera
y sacar agua del pozo!».

Para la mayoría de la gente no tienen nada de *prodigioso* activi-
dades tan prosaicas como sacar agua de un pozo o cortar madera.
Un vez alcanzada la iluminación, en realidad no cambia nada.
Todo sigue siendo igual. Lo que ocurre es que entonces el corazón
se llena de asombro. El árbol sigue siendo un árbol; la gente no

es distinta de como era antes; y lo mismo sucede con uno mismo. La vida no prosigue de manera diferente. Puede uno ser tan variable o tan ecuánime, tan prudente o tan alocado como antes. Pero sí existe una diferencia importante: ahora puede uno ver todas las cosas de diferente modo. Está uno como más distanciado de todo ello. Y el corazón se llena de asombro.

Esta es la esencia de la contemplación: la capacidad de asombro.

La contemplación se diferencia del éxtasis en que éste lleva a uno a «retirarse». Pero el contemplativo iluminado sigue cortando madera y sacando agua del pozo. La contemplación se diferencia de la percepción de la belleza en que ésta (un cuadro o una puesta de sol) produce un placer estético, mientras que la contemplación produce asombro, prescindiendo de que lo que se contemple sea una puesta de sol o una simple piedra.

Y ésta es prerrogativa del niño, que con tanta frecuencia se asombra. Por eso se encuentra tan a sus anchas en el Reino de los Cielos.

LOS BAMBUES

Nuestro perro, Brownie, estaba sentado en tensión, las orejas aguzadas, la cola meneándose tensamente, los ojos alerta, mirando fijamente hacia la copa del árbol. Estaba buscando a un mono. El mono era lo único que en ese momento ocupaba su horizonte consciente. Y, dado que no posee entendimiento, no había un solo pensamiento que viniera a turbar su estado de absoluta absorción: no pensaba en lo que comería aquella noche, ni si en realidad tendría algo que comer, ni en dónde iba a dormir. Brownie era lo más parecido a la contemplación que yo haya visto jamás.

Tal vez tú mismo hayas experimentado algo de esto, por ejemplo cuando te has quedado completamente absorto viendo jugar a un gatito. He aquí una fórmula, tan buena como cualquier otra de las que yo conozco, para la contemplación: Vive totalmente en el presente.

Y un requerimiento absolutamente esencial, por increíble que parezca: Abandona todo pensamiento acerca del futuro y acerca del pasado. Debes abandonar, en realidad, todo pensamiento toda frase, y hacerte totalmente presente. Y la contemplación se produce.

> *Después de años de entrenamiento, el discípulo pidió a su maestro que le otorgara la iluminación. El maestro le condujo a un bosquecillo de bambúes y le dijo: «Observa qué alto es ese bambú. Y mira aquel otro, qué corto es».*

*Y en aquel mismo momento el
discípulo recibió la iluminación.*

Dicen que Buda intentó practicar toda espiritualidad, toda forma
de ascetismo, toda disciplina de cuantas se practicaban en la India
de su época, en un esfuerzo por alcanzar la iluminación. Y que
todo fue en vano. Por último, se sentó un día bajo un árbol que
le dicen 'bodhi' y allí recibió la iluminación. Más tarde transmitió
el secreto de la iluminación a sus discípulos con palabras que
pueden parecer enigmáticas a los no iniciados, especialmente a
los que se entretienen en sus pensamientos: «Cuando respiréis
profundamente, queridos monjes, sed conscientes de que estáis
respirando profundamente. Y cuando respiréis superficialmente,
sed conscientes de que estáis respirando superficialmente. Y cuando respiréis ni muy profunda ni muy superficialmente, queridos
monjes, sed conscientes de que estáis respirando ni muy profunda
ni muy superficialmente». Consciencia. Atención. Absorción. Nada
más.

Esta forma de quedarse absorto podemos observarla en los niños,
que son quienes tienen fácil acceso al Reino de los Cielos.

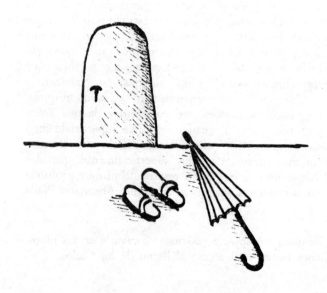

CONSCIENCIA CONSTANTE

Ningún alumno Zen se atrevería a enseñar
a los demás hasta haber vivido con su
Maestro al menos durante diez años.

Después de diez años de aprendizaje,
Tenno se convirtió en maestro.
Un día fue a visitar a su Maestro
Nan-in. Era un día lluvioso, de modo
que Tenno llevaba chanclos de madera
y portaba un paraguas.

Cuando Tenno llegó, Nan-in le dijo:
«Has dejado tus chanclos y tu paraguas
a la entrada, ¿no es así?
Pues bien: ¿puedes decirme si has
colocado el paraguas a la derecha
o a la izquierda de los chanclos?».

Tenno no supo responder y quedó confuso.
Se dio cuenta entonces de que no había
sido capaz de practicar la Consciencia
Constante. De modo que se hizo alumno
de Nan-in y estudió otros diez años
hasta obtener la Consciencia Constante.

El hombre que es constantemente consciente, el hombre que está totalmente presente en cada momento: ése es el Maestro.

LA SANTIDAD EN EL INSTANTE PRESENTE

Le preguntaron en cierta ocasión a Buda: «¿Quién es un hombre santo?». Y Buda respondió: «Cada hora se divide en cierto número de segundos, y cada segundo en cierto número de fracciones. El santo es en realidad el que es capaz de estar totalmente presente en cada fracción de «segundo».

El guerrero japonés fue apresado por sus
enemigos y encerrado en un calabozo.
Aquella noche no podía conciliar
el sueño, porque estaba convencido
de que a la mañana siguiente
habrían de torturarle cruelmente.

Entonces recordó las palabras de su
Maestro Zen: «El mañana no es real.
La única realidad es el presente».

De modo que volvió al presente...
y se quedó dormido.

El hombre en el que el futuro ha perdido su influencia se parece
a los pájaros del cielo y a los lirios del campo. Fuera preocupa-
ciones por el mañana. Vivir totalmente en el presente: He ahí al
hombre santo.

LAS CAMPANAS DEL TEMPLO

*El templo había estado sobre una isla, dos millas
mar adentro. Tenía un millar de campanas. Grandes
y pequeñas campanas, labradas por los mejores
artesanos del mundo. Cuando soplaba el viento
o arreciaba la tormenta, todas las campanas
del templo repicaban al unísono, produciendo
una sinfonía que arrebataba a cuantos
la escuchaban.*

*Pero, al cabo de los siglos, la isla se había
hundido en el mar y, con ella, el templo y sus
campanas. Una antigua tradición afirmaba que
las campanas seguían repicando sin cesar y que
cualquiera que escuchara atentamente podría
oírlas. Movido por esta tradición, un joven
recorrió miles de millas, decidido a escuchar
aquellas campanas. Estuvo sentado durante días
en la orilla, frente al lugar en el que en otro
tiempo se había alzado el templo, y escuchó, y
escuchó con toda atención. Pero lo único que
oía era el ruido de las olas al romper contra
la orilla. Hizo todos los esfuerzos posibles
por alejar de sí el ruido de las olas, al
objeto de poder oír las campanas. Pero todo
fue en vano; el ruido del mar parecía
inundar el universo.*

Persistió en su empeño durante semanas. Cuando
le invadió el desaliento, tuvo ocasión de
escuchar a los sabios de la aldea, que hablaban
con unción de la leyenda de las campanas del
templo y de quienes las habían oído y certificaban
lo fundado de la leyenda. Su corazón
ardía en llamas al escuchar aquellas palabras...
para retornar al desaliento cuando, tras nuevas
semanas de esfuerzo, no obtuvo ningún resultado.
Por fin decidió desistir de su intento. Tal vez
él no estaba destinado a ser uno de aquellos
seres afortunados a quienes les era dado oír
las campanas. O tal vez no fuera cierta la
leyenda. Regresaría a su casa y reconocería
su fracaso. Era su último día en el lugar
y decidió acudir una última vez a su observatorio,
par decir adiós al mar, al cielo,
al viento y a los cocoteros. Se tendió en la
arena, contemplando el cielo y escuchando el
sonido del mar. Aquel día no opuso resistencia
a dicho sonido, sino que, por el contrario,
se entregó a él y descubrió que el bramido de
las olas era un sonido realmente dulce y
agradable. Pronto quedó tan absorto en aquel
sonido que apenas era consciente de sí mismo.
Tan profundo era el silencio que producía
en su corazón...
¡Y en medio de aquel silencio lo oyó! El tañido
de una campanilla, seguido por el de otra, y
otra, y otra... Y en seguida todas y cada una
de las mil campanas del templo repicaban en
una gloriosa armonía, y su corazón se vio
transportado de asombro y de alegría.

Si deseas escuchar las campanas del templo, escucha el sonido
del mar.
Si deseas ver a Dios, mira atentamente la creación. No la rechaces;
no reflexiones sobre ella. Simplemente, *mírala.*

LA PALABRA HECHA CARNE

En el Evangelio de San Juan leemos:

> *La Palabra se hizo carne y acampó*
> *entre nosotros... Mediante ella se hizo*
> *todo; sin ella no se hizo nada de cuanto*
> *ha sido creado. Todo lo que llegó a ser*
> *estaba lleno de su vida. Y esa vida era*
> *la luz de los hombres. La luz brilla en*
> *las tinieblas, y las tinieblas jamás*
> *la han apagado.*

Fíjate en las *tinieblas*. No pasará mucho tiempo antes de que veas la luz. Observa silenciosamente todas las cosas. No pasará mucho tiempo antes de que veas la Palabra.

> *La Palabra se hizo carne y acampó*
> *entre nosotros...*

Resulta penoso comprobar los denodados esfuerzos de quienes tratan de convertir de nuevo la carne en palabra. Palabras, palabras, palabras...

EL HOMBRE IDOLO

Una antigua historia hindú:

> Erase una vez un mercader que naufragó y
> fue arrastrado hasta las costas de Ceylán,
> donde Vibhishana era el rey de los monstruos.
> El mercader fue llevado a presencia
> del rey. Al verle, Vibhishana quedó extasiado
> de gozo y dijo: «¡Ah, cómo se parece a mi
> Rama. Es idéntico a él!». Entonces cubrió al
> mercader de ricos vestidos y joyas
> y le adoró.

Dice el místico hindú Ramakrishna: «La primera vez que escuché esta historia sentí una alegría indescriptible. Si a Dios se le puede adorar a través de una imagen de barro, ¿por qué no se le va a poder adorar a través del hombre?

41

BUSCAR EN LUGAR EQUIVOCADO

*Un vecino encontró a Nasruddin cuando
éste andaba buscando algo de rodillas.*

«¿Qué andas buscando, Mullah?».

«Mi llave. La he perdido».

*Y arrodillados los dos, se pusieron a
buscar la llave perdida. Al cabo
de un rato dijo el vecino:
«¿Dónde la perdiste?».*

«En casa».

*«¡Santo Dios! Y entonces, ¿por qué
la buscas aquí?».*

«Porque aquí hay más luz».

¿De qué vale buscar a Dios en lugares santos si donde lo has
perdido ha sido en tu corazón?

LA PREGUNTA

Preguntaba el monje: «Todas estas montañas
y estos ríos y la tierra y las estrellas...
¿de dónde vienen?

Y preguntó el Maestro: «¿Y de dónde viene
tu pregunta?».

¡Busca en tu interior!

FABRICANTES DE ETIQUETAS

La vida es como una botella de buen vino.
Algunos se contentan con leer la etiqueta.
Otros prefieren probar su contenido.

> *En cierta ocasión mostró Buda una flor*
> *a sus discípulos y les pidió que dijeran*
> *algo acerca de ella.*

Ellos estuvieron un rato contemplándola
en silencio.

Uno pronunció una conferencia filosófica
sobre la flor. Otro creó un poema.
Otro ideó una parábola. Todos tratando
de quedar por encima de los demás.

¡Fabricantes de etiquetas!

Mahakashyap miró la flor, sonrió
y no dijo nada. Sólo él
la había visto.

¡Si tan sólo pudiera *probar* un pájaro,
una flor,
un árbol,
un rostro humano...!

Pero ¡ay! ¡No tengo tiempo!
Estoy demasiado ocupado en aprender a descifrar etiquetas y en
producir las mías propias. Pero ni siquiera una vez he sido capaz
de embriagarme con el vino.

LA FORMULA

El místico regresó del desierto.
«Cuéntanos», le dijeron con avidez,
«¿cómo es Dios?».

Pero ¿cómo podría él expresar con palabras
lo que había experimentado en lo más
profundo de su corazón? ¿Acaso se puede
expresar la Verdad con palabras?

Al fin les confió una fórmula —inexacta,
eso sí, e insuficiente—, en la esperanza
de que alguno de ellos pudiera, a través
de ella, sentir la tentación de experimentar
por sí mismo lo que él había experimentado.

Ellos aprendieron la fórmula y la convirtieron
en un texto sagrado. Y se la impusieron
a todos como si se tratara de un dogma.
Incluso se tomaron el esfuerzo de
difundirla en países extranjeros. Y algunos
llegaron a dar su vida por ella.

Y el místico quedó triste. Tal vez habría
sido mejor que no hubiera dicho nada.

EL EXPLORADOR

*El explorador había regresado junto a los
suyos, que estaban ansiosos por saberlo
todo acerca del Amazonas. Pero ¿cómo podía
él expresar con palabras la sensación que
había inundado su corazón cuando contempló
aquellas flores de sobrecogedora belleza
y escuchó los sonidos nocturnos de la selva?
¿Cómo comunicar lo que sintió en su corazón
cuando se dio cuenta del peligro de las fieras
o cuando conducía su canoa por las inciertas
aguas del río?*

*Y les dijo: «Id y descubridlo vosotros mismos.
Nada puede sustituir al riesgo y a la
experiencia personales». Pero, para orientarles,
les hizo un mapa del Amazonas.*

*Ellos tomaron el mapa y lo colocaron
en el Ayuntamiento. E hicieron copias de él
para cada uno. Y todo el que tenía una copia
se consideraba un experto en el Amazonas,
pues ¿no conocía acaso cada vuelta y cada
recodo del río, y cuán ancho y profundo era,
y dónde había rápidos y dónde se hallaban
las cascadas?*

*El explorador se lamentó toda su vida de
haber hecho aquel mapa. Habría sido
preferible no haberlo hecho.*

Cuentan que Buda se negaba resueltamente a hablar de Dios.

Probablemente sabía los peligros de hacer mapas para expertos
en potencia.

TOMAS DE AQUINO DEJA DE ESCRIBIR

Cuentan las crónicas que Tomás de Aquino, uno de los teólogos más portentosos de la historia, hacia el final de su vida dejó de pronto de escribir. Cuando su secretario se le quejaba de que su obra estaba sin concluir, Tomás le replicó: «Hermano Reginaldo, hace unos meses, celebrando la liturgia, experimenté algo de lo Divino. Aquel día perdí todas las ganas que tenía de escribir. En realidad, todo lo que he escrito acerca de Dios me parece ahora como si no fuera más que paja».

¿Cómo puede ser de otra manera cuando el intelectual se hace místico?

Cuando el místico bajó de la montaña
se le acercó el ateo, el cual le dijo
con aire sarcástico:
«¿Qué nos has traído del jardín de las
delicias en el que has estado?».

Y el místico le respondió: «En realidad
tuve intención de llenar mi faldón de
flores para, a mi regreso, regalar
algunas de ellas a mis amigos. Pero
estando allí, de tal forma me embriagó
la fragancia del jardín que hasta
me olvidé del faldón».

Los Maestros de Zen lo expresan más concisamente: «El que
sabe no habla. El que habla no sabe».

EL ESCOZOR DEL DERVICHE

Estaba pacíficamente sentado un derviche
a la orilla de un río cuando un transeúnte
que pasó por allí, al ver la parte posterior
de su cuello desnudo, no pudo resistir la
tentación de darle un sonoro golpe. Y quedó
encantado del sonido que su golpe había
producido en el cuello del derviche, pero
éste se dolía del escozor y se levantó
para devolverle el golpe.

«Espera un momento», dijo el agresor.
«Puedes devolverme el golpe si quieres,
pero responde primero a la pregunta
que quiero hacerte: ¿Qué es lo que ha
producido el ruido: mi mano o tu cuello?

Y replicó el derviche: «Respóndete tú
mismo. A mí, el dolor no me permite teorizar.
Tú puedes hacerlo porque no sientes
lo mismo que yo».

Cuando se experimenta lo divino, se reducen considerablemente
las ganas de teorizar.

UNA NOTA DE SABIDURIA

*Nadie supo lo que fue de Kakua después de
que éste abandonara la presencia del
Emperador. Sencillamente, desapareció.
He aquí la historia:*

*Kakua fue el primer japonés que estudió Zen
en China. No viajaba en absoluto. Lo único
que hacia era meditar asiduamente.
Cuando la gente le encontraba y le pedía
que predicara, él decía unas cuantas palabras
y se marchaba a otro lugar del bosque,
donde resultara más difícil encontrarle.*

Cuando Kakua regresó al Japón, el Emperador
oyó hablar de él y le hizo llegar su deseo
de que predicara Zen ante él y toda su
corte. Kakua acudió y se quedó en silencio
frente al Emperador. Entonces sacó una
flauta de entre los pliegues de su vestido
y emitió con ella una breve nota. Después
hizo una profunda inclinación ante el rey
y desapareció.

Dice Confucio: «No enseñar a un hombre que está dispuesto a aprender es desaprovechar a un hombre. Enseñar a quien no está dispuesto a aprender es malgastar las palabras».

¿QUE ESTAS DICIENDO?

El Maestro imprime su sabiduría en el corazón de sus discípulos, no en las páginas de un libro. El discípulo habrá de llevar oculta en su corazón esta sabiduría durante treinta o cuarenta años, hasta encontrar a alguien capaz de recibirla. Tal era la tradición del Zen.

> *El Maestro Zen Mu-nan sabía que no tenía más que un sucesor: su discípulo Shoju. Un día le hizo llamar y le dijo: «Yo ya soy un viejo, Shoju, y eres tú quien debe proseguir estas enseñanzas. Aquí tienes un libro que ha sido transmitido de Maestro a Maestro durante siete generaciones. Yo mismo he añadido al libro algunas notas que te serán de utilidad. Aquí lo tienes. Consérvalo como señal de que eres mi sucesor».*

«Harías mejor en guardarte el libro»,
replicó Shoju. «Tú me transmitiste el Zen
sin necesidad de palabras escritas y seré
muy dichoso de conservarlo de este modo».

«Lo sé, lo sé...» dijo con paciencia Mu-nan.
«Pero aun así el libro ha servido a siete
generaciones y también puede ser útil para ti.
De modo que tómalo y consérvalo».

Se hallaban los dos hablando junto al fuego.
En el momento en que los dedos de Shoju
tocaron el libro, lo arrojó al fuego.
No le apetecían nada las palabras escritas.

Mu-nan, a quien nadie había visto jamás
enfadado, gritó: «¿Qué disparate estás
haciendo?».

Y Shoju le replicó: «¿Qué disparate estás
diciendo?».

El Guru habla con autoridad de lo que él mismo ha experimentado. Nunca cita un libro.

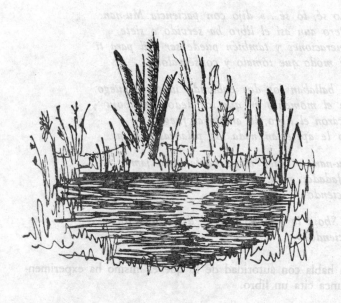

EL DIABLO Y SU AMIGO

*En cierta ocasión salió el diablo
a pasear con un amigo. De pronto
vieron ante ellos a un hombre
que estaba inclinado sobre el suelo
tratando de recoger algo.*

*«¿Qué busca ese hombre?», le preguntó
al diablo su amigo.*

*«Un trozo de Verdad», respondió
el diablo.*

«¿Y eso no te inquieta?», volvió a
preguntar el amigo.

«Ni lo más mínimo», respondió el
diablo. «Le permitiré que haga de ello
una creencia religiosa».

Una creencia religiosa es como un poste indicador que señala el camino hacia la Verdad. Pero las personas que se obstinan en adherirse al indicador se ven impedidas de avanzar hacia la Verdad, porque tienen la falsa sensación de que ya la poseen.

NASRUDDIN HA MUERTO

*Se hallaba en cierta ocasión Nasruddin —que
tenía su día filosófico— reflexionando en
alta voz: «Vida y muerte... ¿quién puede
decir lo que son?». Su mujer, que estaba
trabajando en la cocina le oyó y dijo:
«Los hombres sois todos iguales, absolutamente
estúpidos. Todo el mundo sabe que cuando
las extremidades de un hombre están rígidas
y frías, ese hombre está muerto».*

*Nasruddin quedó impresionado por la sabiduría
práctica de su mujer. Cuando, en otra ocasión,
se vio sorprendido por la nieve, sintió cómo
sus manos y sus pies se congelaban y se
entumecían. «Sin duda estoy muerto», pensó.
Pero otro pensamiento le asaltó de pronto:
«¿Y qué hago yo paseando, si estoy muerto?
Debería estar tendido, como cualquier muerto
respetable». Y esto fue lo que hizo.*

Una hora después, unas personas que iban
de viaje pasaron por allí y, al verle
tendido junto al camino, se pusieron a
discutir si aquel hombre estaba vivo o muerto.
Nasruddin deseaba con toda su alma gritar y
decirles: «Estáis locos. ¿No veis que estoy
muerto? ¿No veis que mis extremidades están
frías y rígidas?». Pero se dio cuenta de que
los muertos no deben hablar. De modo que
refrenó su lengua.

Por fin, los viajeros decidieron que el hombre
estaba muerto y cargaron sobre sus hombros
el cadáver para llevarlo al cementerio y
enterrarlo. No habían recorrido aún mucha
distancia cuando llegaron a una bifurcación.
Una nueva disputa surgió entre ellos acerca
de cuál sería el camino del cementerio.
Nasruddin aguantó cuanto pudo, pero al fin
no fue capaz de contenerse y dijo: «Perdón,
caballeros, pero el camino que lleva al
cementerio es el de la izquierda. Ya sé que
se supone que los muertos no deben hablar,
pero he roto la norma sólo por esta vez
y les aseguro que no volveré a decir
una palabra».

Cuando la realidad choca con una creencia rígidamente afirmada,
la que sale perdiendo es la realidad.

59

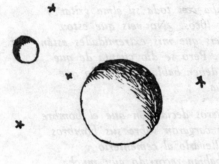

HUESOS PARA PROBAR NUESTRA FE

Un intelectual cristiano que consideraba
que la Biblia es literalmente verdadera
hasta en sus menores detalles, fue abordado
en cierta ocasión por un colega que le dijo:
«Según la Biblia, la tierra fue creada hace
cinco mil años aproximadamente. Pero se han
descubierto huesos que demuestran que la
vida ha existido en este planeta durante
centenares de miles de años».
La respuesta no se hizo esperar: «Cuando
Dios creó la tierra, hace cinco mil años,
puso a propósito esos huesos en la tierra
para comprobar si daríamos más crédito
a las afirmaciones de los científicos
que a su sagrada Palabra».

Una prueba más de que las creencias rígidas conducen a distorsionar la realidad.

POR QUE MUEREN LAS PERSONAS BUENAS

*El predicador de la aldea se hallaba
visitando la casa de un anciano feligrés
y, mientras tomaba una taza de café,
respondía las preguntas que la abuela
no dejaba de hacerle.*

*«¿Por qué el Señor nos envía epidemias
tan a menudo?», preguntaba la anciana.*

*«Bien...», respondía el predicador,
«a veces hay personas tan malas que es
preciso eliminarlas, y por ello el Señor
permite las epidemias».*

> «Pero», objetó la abuela «entonces, ¿por
> qué son eliminadas tantas buenas personas
> junto con las malas?».

> «Las buenas personas son llamadas como
> testigos», explicó el predicador. «El
> Señor quiere que todas las almas tengan
> un juicio justo».

No hay absolutamente nada para lo que el creyente inflexible
no encuentre explicación.

EL MAESTRO NO SABE

El 'indagador' se acercó respetuosamente
al 'discípulo' y le preguntó «¿Cuál es
el sentido de la vida humana?».

El 'discípulo' consultó las palabras
escritas de su 'maestro' y, lleno de
confianza, respondió con las palabras
del propio 'maestro': «La vida humana no es
sino la expresión de la exuberancia de Dios».

Cuando el 'indagador' se encontró con el
'maestro' en persona, le hizo la misma
pregunta; y el 'maestro' le dijo:
«No lo sé».

El 'indagador' dice: «No lo sé». Lo cual exige honradez.
El 'maestro' dice: «No lo sé». Lo cual requiere tener una mente mística capaz de saberlo todo a través del no-saber.
El 'discípulo' dice: «Yo lo sé». Lo cual requiere ignorancia, disfrazada de conocimiento prestado.

MIRAR A SUS OJOS

*El comandante en jefe de las fuerzas de
ocupación le dijo al alcalde de la aldea:
«Tenemos la absoluta seguridad de que
ocultan ustedes a un traidor en la aldea.
De modo que, si no nos lo entregan, vamos
a hacerles la vida imposible, a usted y a
toda su gente, por todos los medios
a nuestro alcance».*

*En realidad, la aldea ocultaba a un hombre
que parecía ser bueno e inocente y a quien
todos querían. Pero ¿qué podía hacer el
alcalde, ahora que se veía amenazado el
bienestar de toda la aldea? Días enteros de
discusiones en el Consejo de la aldea no
llevaron a ninguna solución. De modo que,
en última instancia, el alcalde planteó el
asunto al cura del pueblo. El cura y el
alcalde se pasaron toda una noche buscando
en las Escrituras y, al fin, apareció la
solución. Había un texto en las Escrituras
que decía: «Es mejor que muera uno solo por
el pueblo y no que perezca toda la nación».*

*De forma que el alcalde decidió entregar al
inocente a las fuerzas de ocupación, si bien
antes le pidió que le perdonara. El hombre
le dijo que no había nada que perdonar, que
él no deseaba poner a la aldea en peligro.
Fue cruelmente torturado hasta el punto de
que sus gritos pudieron ser oídos por todos
los habitantes de la aldea. Por fin fue
ejecutado.*

Veinte años después pasó un profeta por la
aldea, fue directamente al alcalde y le dijo:
«¿Qué hiciste? Aquel hombre estaba destinado
por Dios a ser el salvador de este país. Y tú
le entregaste para ser torturado y muerto».

«¿Y qué podía hacer yo?», alegó el alcalde.
«El cura y yo estuvimos mirando las Escrituras
y actuamos en consecuencia».

«Ese fue vuestro error», dijo el profeta.
«Mirasteis las Escrituras, pero deberíais
haber mirado a sus ojos».

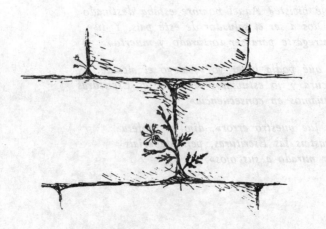

TRIGO DE LAS TUMBAS EGIPCIAS

En la tumba de uno de los antiguos
Faraones de Egipto fue hallado
un puñado de granos de trigo.
Alguien tomó aquellos granos.
los plantó y los regó.
Y, para general asombro,
los granos tomaron vida y
retoñaron al cabo de cinco mil años.

Cuando alguien ha alcanzado la luz, sus palabras son como
semillas, llenas de vida y de energía. Y pueden conservar la forma
de semillas durante siglos, hasta que son sembradas en un corazón
fértil y receptivo.

Yo solía pensar que las palabras escritas estaban muertas y secas.
Ahora sé que están llenas de energía y de vida. Era mi corazón
el que estaba frío y muerto, así que ¿cómo iba a crecer nada
en él?

ENMIENDA LAS ESCRITURAS

Se acercó un hombre sabio a Buda
y le dijo: «Las cosas que tú
enseñas, señor, no se encuentran
en las Santas Escrituras».

«Entonces, ponlas tú en las
Escrituras», replicó Buda.

Tras una embarazosa pausa,
el hombre siguió diciendo:
«¿Me permitiría sugerirle, señor,
que algunas de las cosas que vos
enseñáis contradicen las
Santas Escrituras?».

«Entonces, enmienda las Escrituras»,
contestó Buda.

En las Naciones Unidas se hizo la propuesta de que se revisaran todas las Escrituras de todas las religiones del mundo. Cualquier cosa en ellas que pudiera llevar a la intolerancia, a la crueldad o al fanatismo, debería ser borrada. Cualquier cosa que de algún modo fuera en contra de la dignidad y el bienestar del hombre debería omitirse.

Cuando se descubrió que el autor de la propuesta era el propio Jesucristo, los periodistas corrieron a visitarle en busca de una más completa explicación. Y ésta fue bien sencilla y breve: «Las Escrituras, como el Sábado, son para el hombre», afirmó, «no el hombre para las Escrituras».

LA MUJER DEL CIEGO

Enseñar a un hombre inmaduro puede ser tremendamente perjudicial:

> *Había un hombre que tenía una hija muy fea*
> *y se la dio en matrimonio a un ciego,*
> *porque ningún otro la habría querido.*

> *Cuando un médico se ofreció a devolver*
> *la vista al marido ciego, el padre de*
> *la muchacha se opuso con todas sus*
> *fuerzas, pues temía que el hombre*
> *se divorciara de su hija.*

Afirma Sa'di acerca de esta historia: «El marido de una mujer fea es mejor que siga ciego».

71

LOS PROFESIONALES

Mi vida religiosa ha estado enteramente en manos de profesionales. Si yo quiero aprender a orar, acudo a un director espiritual; si deseo descubrir la voluntad de Dios con respecto a mí, acudo a un retiro dirigido por un experto; para entender la Biblia recurro a un escriturista; para saber si he pecado o no, me dirijo a un moralista; y para que se me perdonen los pecados tengo que echar mano de un sacerdote.

*El rey de unas islas del Pacífico Sur
daba un banquete en honor de un
distinguido huésped occidental.*

*Cuando llegó el momento de pronunciar los
elogios del huésped, Su Majestad siguió
sentado en el suelo mientras un orador
profesional, especialmente designado al
efecto, se excedía en sus adulaciones.*

*Tras el elocuente panegírico, el huésped
se levantó para decir unas palabras de
agradecimiento al rey. Pero Su Majestad
le retuvo suavemente: «No se levante, por
favor», le dijo. «Ya he encargado a un
orador que hable por usted. En nuestra isla
pensamos que el hablar en público no debe
estar en manos de aficionados».*

Yo me pregunto: ¿no preferiría Dios que yo fuera más 'aficionado' en mi relación con El?

LOS EXPERTOS

Un cuento Sufi:

Un hombre a quien se consideraba muerto
fue llevado por sus amigos para ser
enterrado. Cuando el féretro estaba a
punto de ser introducido en la tumba,
el hombre revivió inopinadamente y
comenzó a golpear la tapa del féretro.

Abrieron el féretro y el hombre se incorporó.
«¿Qué estáis haciendo»?, dijo
a los sorprendidos asistentes. «Estoy
vivo. No he muerto».

Sus palabras fueron acogidas con
asombrado silencio. Al fin, uno de los
deudos acertó a hablar: «Amigo, tanto
los médicos como los sacerdotes han
certificado que habías muerto. Y ¿cómo
van a haberse equivocado los expertos?».

Así pues, volvieron a atornillar la tapa
del féretro y lo enterraron debidamente.

LA SOPA DE LA SOPA DEL GANSO

En cierta ocasión un pariente visitó a
Nasruddin, llevándole como regalo un ganso.
Nasruddin cocinó el ave y la compartió
con su huésped.

No tardaron en acudir un huésped tras otro,
alegando todos ser amigos de un amigo
«del hombre que te ha traído el ganso».
Naturalmente, todos ellos esperaban
obtener comida y alojamiento
a cuenta del famoso ganso.

Finalmente, Nasruddin no pudo aguantar
más. Un día llegó un extraño a su casa
y dijo: «Yo soy un amigo del amigo del
pariente tuyo que te regaló un ganso».
Y, al igual que los demás, se sentó
a la mesa, esperando que le dieran de comer.

Nasruddin puso ante él una escudilla
llena de agua caliente.
«¿Qué es esto?», preguntó el otro.

«Esto», dijo Nasruddin, «es la sopa de
la sopa del ganso que me regaló
mi amigo».

A veces se oye hablar de hombres que se han hecho discípulos
de los discípulos de los discípulos de un hombre que ha tenido
la experiencia personal de Dios.

Es absolutamente imposible enviar un beso a través de un
mensajero.

EL MONSTRUO DEL RIO

> *El sacerdote de la aldea era distraído*
> *en sus oraciones por los niños que*
> *jugaban junto a su ventana. Para librarse*
> *de ellos, les gritó: «¡Hay un terrible*
> *monstruo río abajo. Id corriendo allá*
> *y podréis ver cómo echa fuego por la nariz!».*

> *Al poco tiempo, todo el mundo en la aldea*
> *había oído hablar de la monstruosa*
> *aparición y corría hacia el río.*
> *Cuando el sacerdote lo vio, se unió*
> *a la muchedumbre. Mientras se dirigía*
> *resollando hacia el río, que se*
> *encontraba cuatro millas más abajo,*
> *iba pensando: «La verdad es que yo*
> *he inventado la historia. Pero quién sabe*
> *si será cierta...*

Es mucho más fácil creer en los dioses que hemos creado si somos capaces de convencer a los demás de su existencia.

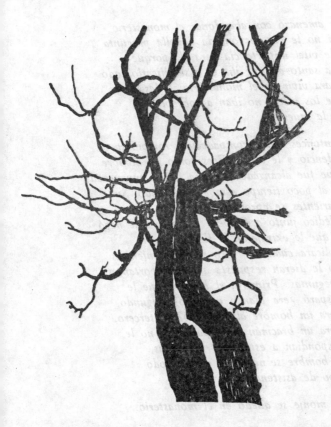

LA FLECHA ENVENENADA

*En cierta ocasión se acercó un monje a Buda
y le dijo: «¿Sobreviven a la muerte las
almas de los justos?».*

Como era propio de él, Buda no respondió.

*Pero el monje insistía. Y todos los días
volvía a hacerle la misma pregunta; y un
día tras otro recibía el silencio como
respuesta. Hasta que no pudo soportarlo*

*y amenazó con abandonar el monasterio
si no le era respondida aquella pregunta
de vital importancia para él; porque
¿a santo de qué iba él a sacrificarlo todo
para vivir en el monasterio, si las almas
de los justos no iban a sobrevivir
a la muerte?*

*Entonces Buda, compadecido, rompió su
silencio y le dijo: «Eres como un hombre
que fue alcanzado por una flecha envenenada
y al poco tiempo estaba agonizando. Sus
parientes se apresuraron a llevar a un
médico junto a él, pero el hombre se negó
a que le extrajeran la flecha o se le
aplicara cualquier otro remedio mientras
no le dieran respuesta a tres importantes
preguntas: Primero, el hombre que le
disparó ¿era blanco o negro? Segundo,
¿era un hombre alto o bajo? Y tercero,
¿era un bracmán o un paria? Si no le
respondían a estas tres preguntas,
el hombre se negaba a recibir todo
tipo de asistencia».*

El monje se quedó en el monasterio.

Es mucho más placentero hablar del camino que recorrerlo; o
discutir acerca de las propiedades de una medicina que tomarla.

EL NIÑO DEJA DE LLORAR *

Afirmaba aquel hombre que, en la práctica, era ateo. Si realmente pensaba por sí mismo y era honrado, tenía que admitir que no creía de veras las cosas que su religión le enseñaba. La existencia de Dios originaba tantos problemas como los que resolvía; la vida después de la muerte era un espejismo; las escrituras y la tradición habían causado tanto mal como bien. Todas estas cosas habían sido inventadas por el hombre para mitigar la soledad y la deses- peración que él observaba en la existencia humana.

Lo mejor era dejarle en paz. No decirle nada. Tal vez estaba atravesando una crisis de crecimiento y evolución.

Una vez le preguntó el discípulo a su Maestro:
  «¿Qué es Buda?».
Y el Maestro le respondió:
  «La mente es Buda».

Volvió otro día a hacerle la misma pregunta
y la respuesta fue:
  'No hay mente. No hay Buda'».

Y el discípulo protestó:
  «Pero si el otro día me dijiste:
  'La mente es Buda...'».

Replicó el Maestro:

> *«Eso lo dije para que el niño dejase*
> *de llorar. Pero, cuando el niño ha*
> *dejado de llorar, digo:*
> *No hay mente. No hay Buda »*

Tal vez el niño había dejado de llorar y ya estaba preparado para la verdad. De modo que lo mejor era dejarle solo.

*   *   *

Pero cuando empezó a predicar su recién descubierto ateísmo a otras personas que no estaban preparadas para ello, hubo que frenarle: «Hubo una época, la era pre-científica, en que los hombres adoraban al sol. Vino después la era científica y los hombres se dieron cuenta de que el sol no era un dios; ni siquiera era una persona. Por fin, vino la era mística y Francisco de Asís llamaría 'hermano' al sol y hablaría con él».

«Tu fe era la de un chiquillo aterrorizado. Y ahora que te has convertido en un hombre audaz, la has perdido. Ojalá llegues algún día a ser un místico y vuelvas a encontrar tu fe».

*   *   *

La fe no se pierde jamás por buscar sin miedo la verdad. Sólo las creencias que expresan la fe se ven nubladas durante algún tiempo; pero, llegado el momento, se purifican.

EL HUEVO

Nasruddin se ganaba la vida vendiendo
huevos. Entró una persona en su tienda
y le dijo: «Adivina lo que llevo
en la mano».

«Dame una pista», dijo Nasruddin.

«Te daré más de una: Tiene la forma de
un huevo y el tamaño de un huevo. Parece
un huevo, sabe como un huevo y huele
como un huevo. Por dentro es blanco y
amarillo. Antes de cocerlo es líquido
y, una vez cocido, es espeso. Además,
ha sido puesto por una gallina...».

«¡Ya lo tengo!», dijo Nasruddin,
«¡es una clase de pastel!».

El experto tiene el don de no acertar con lo evidente.
El sumo sacerdote tiene el don de no reconocer al Mesías.

GRITAR PARA QUEDAR A SALVO... E INCOLUME

*Una vez llegó un profeta a una ciudad
con el fin de convertir a sus habitantes.
Al principio la gente le escuchaba
cuando hablaba, pero poco a poco
se fueron apartando, hasta que no
hubo nadie que escuchara las
palabras del profeta.*

*Cierto día, un viajante le dijo al
profeta: «¿Por qué sigues
predicando? ¿No ves que tu misión
es imposible?».*

*Y el profeta le respondió:
«Al principio tenía la esperanza
de poder cambiarlos. Pero si ahora
sigo gritando es únicamente para
que no me cambien ellos a mí».*

SE VENDE AGUA DEL RIO

*Aquel día, el sermón del Maestro se redujo
a una sola y enigmática sentencia.*

*Se limitó a sonreír con ironía y a decir:
«Todo lo que yo hago aquí es estar sentado
en la orilla y vender agua del río».*

Y concluyó su sermón.

El aguador había instalado su puesto a la orilla del río y acudían miles de personas a comprarle agua. Todo el éxito de su negocio dependía de que aquellas personas no vieran el río. Cuando, al fin, lo vieron, él cerró el negocio.

El predicador tuvo un enorme éxito. Venían a él por millares a adquirir sabiduría. Cuando obtuvieron la sabiduría, dejaron de acudir a sus sermones. Y el predicador no podía ocultar su satisfacción, pues había logrado su propósito, que no era sino el de retirarse lo antes posible, porque en el fondo sabía que él tan sólo ofrecía a la gente lo que ésta ya poseía, con tal de que fuera capaz de abrir los ojos y mirar. «Si yo no me voy», dijo Jesús a sus discípulos, «no vendrá a vosotros el Espíritu Santo».

* * *

Si hubieras dejado tan resueltamente de vender agua, la gente habría tenido más posibilidades de ver el río.

LA MEDALLA

El hombre se encuentra solo, perdido y lleno de temores en medio de este vasto universo.

La buena religión le hace audaz. La mala religión aumenta sus temores.

> *Había una madre que no conseguía que su
> hijo pequeño dejara de jugar y regresara a
> casa antes del anochecer. De modo que, para
> asustarle, le dijo que el camino que llevaba
> a su casa era frecuentado por unos espíritus
> que salían tan pronto como se ponía el sol.
> Desde aquel momento ya no tuvo problemas para
> hacer que el niño regresara a casa temprano.*

Pero, cuando creció, el muchacho tenía
tanto miedo a la oscuridad y a los espíritus
que no había modo de sacarle de casa por
la noche. Entonces su madre le dio una
medalla y le convenció de que, mientras
la llevara consigo, los espíritus no
podrían hacerle ningún mal en absoluto.

Ahora el muchacho ya no tiene miedo alguno
a adentrarse en la oscuridad fuertemente
asido a su medalla.

La mala religión refuerza su fe en la medalla.
La buena religión le hace ver que no existen tales malos espíritus.

NASRUDDIN EN CHINA

El Mullah Nasruddin fue a China, donde
reunió a un grupo de discípulos a los que
preparó para alcanzar la iluminación.
Pero, tan pronto como lo consiguieron,
los discípulos dejaron de asistir
a sus clases.

No es muy loable para un guía espiritual el que sus discípulos
se sienten perennemente a sus pies.

EL GATO DEL GURU

*Cuando, cada tarde, se sentaba el guru
para las prácticas del culto, siempre
andaba por allí el gato del ashram
distrayendo a los fieles. De manera
que ordenó el guru que ataran al gato
durante el culto de la tarde.*

*Mucho después de haber muerto el guru,
seguían atando al gato durante el
referido culto. Y cuando el gato murió,
llevaron otro gato al ashram para poder
atarlo durante el culto vespertino.*

*Siglos más tarde, los discípulos del
guru escribieron doctos tratados
acerca del importante papel que
desempeña el gato en la realización
de un culto como es debido.*

VESTIMENTAS LITURGICAS

Octubre de 1917: Ha nacido la Revolución Rusa.
La historia humana ha adquirido una nueva
dimensión.

Dice la historia que aquel mismo mes se
reunió en asamblea la Iglesia Ortodoxa Rusa
y que tuvo lugar un apasionado debate
acerca del color del sobrepelliz que
había que usar en las funciones litúrgicas.
Algunos insistieron vehementemente en que
debería ser blanco, mientras que otros
defendían, con la misma vehemencia,
que debería ser morado.

Nerón tocaba la lira mientras ardía Roma.

Luchar a brazo partido con una revolución es infinitamente más
molesto que organizar una preciosa liturgia. Preferiría recitar
mis oraciones antes que mezclarme en reyertas de vecindario.

«DIENTES DE LEON»

Un hombre que se sentía orgullosísimo del
césped de su jardín se encontró un buen
día con que en dicho césped crecía una
gran cantidad de «dientes de león». Y
aunque trató por todos los medios de
librarse de ellos, no pudo impedir que
se convirtieran en una auténtica plaga.

Al fin escribió al ministerio de Agricultura,
refiriendo todos los intentos
que había hecho, y concluía la carta
preguntando: «¿Qué puedo hacer?»

Al poco tiempo llegó la respuesta:
«Le sugerimos que aprenda a amarlos».

También yo tenía un césped del que estaba muy orgulloso, y también sufrí una plaga de «dientes de león» que traté de combatir con todos los medios a mi alcance. De modo que el aprender a amarlos no fue nada fácil.

Comencé por hablarles todos los días cordial y amistosamente. Pero ellos sólo respondían con su hosco silencio. Aún les dolía la batalla que había librado contra ellos. Probablemente recelaban de mis motivos.

Pero no tuve que aguardar mucho tiempo a que volvieran a sonreír y a recuperar su sosiego. Incluso respondían ya a lo que yo les decía. Pronto fuimos amigos.

Por supuesto que mi césped quedó arruinado, pero ¡qué delicioso se hizo mi jardín...!

*   *   *

Poco a poco iba quedándose ciego, a pesar de que trató de evitarlo por todos los medios. Y cuando las medicinas ya no surtían efecto, tuvo que combatir con todas sus emociones. Yo mismo necesitaba armarme de valor para decirle: «Te sugiero que aprendas a amar tu ceguera».

Fue una verdadera lucha. Al principio se resistía a trabar contacto con ella, a decirle una sola palabra. Y cuando, al fin, consiguió hablar con su ceguera, sus palabras eran de enfado y amargura. Pero siguió hablando y, poco a poco, las palabras fueron haciéndose palabras de resignación, de tolerancia y de aceptación..., hasta que un día, para su sorpresa, se hicieron palabras de simpatía... y de amor. Había llegado el momento en que fue capaz de rodear con su brazo a su ceguera y decirle: «Te amo». Y aquel día le vi sonreír de nuevo. Y ¡qué sonrisa tan dulce...!

Naturalmente que había perdido la vista para siempre. Pero ¡qué bello se hizo su rostro...! Mucho más bello que antes de que le sobreviniera la ceguera.

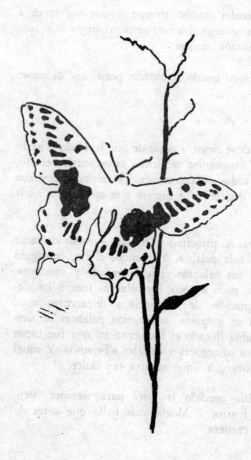

NO CAMBIES

Durante años fui un neurótico. Era un ser
angustiado, deprimido y egoísta. Y todo el
mundo insistía en decirme que cambiara.
Y no dejaban de recordarme lo neurótico
que yo era.

Y yo me ofendía, aunque estaba de acuerdo
con ellos, y deseaba cambiar, pero no
acababa de conseguirlo
por mucho que lo intentara.

*   *   *

Lo peor era que mi mejor amigo tampoco
dejaba de recordarme lo neurótico que
yo estaba. Y también insistía en
la necesidad de que yo cambiara.

Y también con él estaba de acuerdo,
y no podía sentirme ofendido
con él. De manera que me sentía
impotente y como atrapado.

*   *   *

Pero un día me dijo: «No cambies. Sigue
siendo tal como eres. En realidad no
importa que cambies o dejes de cambiar.
Yo te quiero tal como eres y no puedo
dejar de quererte».

Aquellas palabras sonaron en mis oídos
como música: «No cambies. No cambies.
No cambies... Te quiero...».

Entonces me tranquilicé. Y me sentí vivo.
Y, ¡oh maravilla!, cambié.

Ahora sé que en realidad no podía cambiar hasta encontrar a
alguien que me quisiera, prescindiendo de que cambiara o dejara
de cambiar.

¿Es así como Tú me quieres, Dios mío?

93

MI AMIGO

*Malik, hijo de Dinar, estaba muy preocupado
por la disoluta conducta de un libertino joven
que vivía en la casa contigua a la suya.
Durante mucho tiempo no hizo nada al respecto,
en la esperanza de que hubiera alguien que
interviniera. Pero cuando la conducta del joven
se hizo absolutamente intolerable, Malik
se dirigió a él y le pidió que cambiara
su modo de ser.*

*Con toda tranquilidad, el joven informó a Malik
de que él era un protegido del Sultán y, por lo
tanto, nadie podía impedirle vivir
como a él se le antojara.*

*Malik le dijo: «Yo, personalmente, me quejaré
al Sultán». Y el joven le respondió: «Será
completamente inútil, porque el Sultán
jamás cambiará su opinión acerca de mí».*

*«Entonces le hablaré de ti al Sumo Creador»,
replicó Malik. «El Sumo Creador», dijo el joven,
«es demasiado misericordioso como para
reprocharme nada».*

*Malik quedó totalmente desarmado, por lo que
desistió de su intento. Pero al poco tiempo
la reputación del joven se hizo tan pésima
que originó la repulsa general. Malik decidió
entonces que debía intentar reprenderle.
Pero, cuando se dirigía a la casa del joven,
oyó una voz que le decía: «No toques a mi
amigo. Está bajo mi protección». A Malik,
esto le produjo una enorme confusión y,
cuando se vio en presencia del joven,
no supo qué decirle.*

*El joven le preguntó: «¿A qué has venido?».
Respondió Malik: «Venía a reprenderte, pero
cuando me dirigía hacia aquí una Voz me dijo
que no te tocara, porque estás bajo
Su protección».*

*El rostro del disoluto joven se transformó.
«¿De veras me llamó amigo suyo?», preguntó.
Pero para entonces Malik ya se había
marchado. Años más tarde, Malik se encontró
con él en La Meca. Las palabras de la Voz le
habían impresionado de tal modo que había
renunciado a todos sus bienes y se había
hecho un mendigo errante. «He venido aquí
en busca de mi Amigo», le dijo a Malik.
Y, dicho esto, murió.*

¿Dios, amigo de un pecador? Semejante afirmación es tan arriesgada como real. Yo me la apliqué a mí mismo cuando, en cierta ocasión, dije: «Dios es demasiado misericordioso como para reprocharme nada». Y al instante escuché la Buena Noticia por primera vez en mi vida.

95

EL CATECUMENO ARABE

Al Maestro árabe Jalal ud-Din Rumi le gustaba contar la siguiente historia:

Se hallaba un día el profeta Mahoma
presentando la oración matutina en la mezquita.
Entre la multitud de los fieles se encontraba
un joven catecúmeno árabe.

Mahoma comenzó a leer el Corán recitando el
versículo en que el Faraón afirma: «Yo soy
tu verdadero Dios». Al oírlo, el joven
catecúmeno sintió tanta ira que rompió el
silencio y gritó: «¿Será fanfarrón, el
muy hijo de puta?».

El profeta no dijo nada, pero cuando acabaron
las oraciones, los demás comenzaron a
increpar al árabe: «¿No te da vergüenza?
Has de saber que tu oración le desagrada
a Dios, porque no sólo has roto el santo
silencio de la oración, sino que además
has usado un lenguaje obsceno en presencia
del profeta de Dios».

El pobre árabe enrojeció de vergüenza y
se puso a temblar de miedo, hasta que
Gabriel se le apareció al profeta y le dijo:
«Dios te manda sus saludos y desea que hagas
que esa gente deje de increpar a ese sencillo
árabe; en realidad, su sincero juramento
ha movido su corazón más que las santas
plegarias de muchos otros».

Cuando oramos, Dios se fija en nuestro corazón, no en nuestras fórmulas.

NOSOTROS SOMOS TRES, TU ERES TRES

*Cuando el barco del obispo se detuvo durante
un día en una isla remota, decidió emplear
la jornada del modo más provechoso posible.
Deambulaba por la playa cuando se encontró
con tres pescadores que estaban reparando
sus redes y que, en su elemental inglés,
le explicaron cómo habían sido evangelizados
siglos atrás por los misioneros. «Nosotros
ser cristianos», le dijeron, señalándose
orgullosamente a sí mismos.*

*El obispo quedó impresionado. Al preguntarles
si conocían la Oración del Señor, le respondieron
que jamás la habían oído. El obispo
sintió una auténtica conmoción. ¿Cómo podían
llamarse cristianos si no sabían algo tan
elemental como el Padrenuestro?*

«Entonces, ¿qué decís cuando rezáis?»

*«Nosotros levantar los ojos al cielo. Nosotros
decir: 'Nosotros somos tres, Tú eres
tres, ten piedad de nosotros'». Al obispo
le horrorizó el carácter primitivo y hasta
herético de su oración. De manera que empleó
el resto del día en enseñarles el Padrenuestro.
Los pescadores tardaban en aprender, pero
pusieron todo su empeño y, antes de que el
obispo zarpara al día siguiente, tuvo la
satisfacción de oír de sus labios toda la
oración sin un solo fallo.*

*Meses más tarde el barco del obispo acertó a
pasar por aquellas islas y, mientras el obispo
paseaba por la cubierta rezando sus oraciones
vespertinas, recordó con agrado que en aquella
isla remota había tres hombres que, gracias a*

97

pacientes esfuerzos, podían ahora rezar como
era debido. Mientras pensaba esto, sucedió
que levantó los ojos y divisó un punto de luz
hacia el este. La luz se acercaba al barco y,
para su asombro, vio tres figuras que caminaban
hacia él sobre el agua. El capitán detuvo
el barco y todos los marineros se asomaron
por la borda a observar aquel asombroso
espectáculo.

Cuando se hallaban a una distancia desde
donde podían hablar, el obispo reconoció
a sus tres amigos, los pescadores. «¡Obispo!»,
exclamaron, «nosotros alegrarnos de verte.
Nosotros oír tu barco pasar cerca de la isla
y correr a verte».

«¿Qué deseáis?»?, les preguntó el obispo con
cierto recelo.

«Obispo», le dijeron, «nosotros tristes.
Nosotros olvidar bonita oración. Nosotros
decir: 'Padre Nuestro que estás en los
cielos, santificado sea tu nombre, venga a
nosotros tu Reino...'. Después olvidar.
Por favor, decirnos otra vez toda la oración».

El obispo se sintió humillado. «Volved a
vuestras casas, mis buenos amigos», les
dijo, «y cuando recéis, decid: 'Nosotros
somos tres, tú eres tres, ten piedad
de nosotros'».

A veces he visto a mujeres ancianas rezar interminables rosarios
en la iglesia. ¿Cómo va a glorificar a Dios ese incoherente palabreo? Pero siempre que me he fijado en sus ojos o en sus rostros
alzados al cielo, he sabido en el fondo que ellas están más cerca
de Dios que muchos hombres doctos.

98

LA ORACION PUEDE SER PELIGROSA

He aquí una de las historias predilectas del Maestro de sufi
Sa'di de Shiraz:

> Cierto amigo mío estaba encantado de que su
> mujer hubiera quedado embarazada. El deseaba
> ardientemente tener un hijo varón y así se
> lo pedía a Dios sin cesar, haciéndole
> una serie de promesas.
>
> Sucedió que su mujer dio a luz a un niño,
> por lo que mi amigo se alegró enormemente e
> invitó a una fiesta a toda la aldea.

Años más tarde, volviendo yo de La Meca.
pasé por la aldea de mi amigo y me
enteré de que estaba en la cárcel.

«¿Por qué? ¿Qué es lo que ha hecho?»,
pregunté.

Sus vecinos me dijeron: «Su hijo se
emborrachó, mató a un hombre y salió
huyendo. De manera que arrestaron al padre
y lo metieron en la cárcel».

Es verdad que pedir a Dios insistentemente lo que deseamos es
un ejercicio realmente loable.

Pero es también muy peligroso.

NARADA

*El sabio indio Narada partió en peregrinación
hacia el templo del Señor Vishnú. Una noche
se detuvo en una aldea y le dieron asilo en
la choza de una pobre pareja. A la mañana
siguiente, antes de que marchara, el hombre
le dijo a Narada: «Ya que vas a ver al Señor
Vishnú, pídele que nos conceda un hijo a mi
mujer y a mí, porque son muchos años ya los
que llevamos sin descendencia».*

*Cuando Narada llegó al templo, dijo al Señor:
«Aquel hombre y su mujer fueron muy amables
conmigo. Ten compasión de ellos y dales un
hijo». El Señor, de un modo terminante, le
replicó: «En el destino de ese hombre no está
el tener hijos». De modo que Narada, una vez
hechas sus devociones, regresó a casa.*

*Cinco años más tarde emprendió la misma
peregrinación y se detuvo en la misma aldea,
siendo hospedado una vez más por la misma
pareja. Pero en esta ocasión había dos niños
jugando a la entrada de la choza.*

*«¿De quién son estos niños?»; preguntó Narada.
«Míos», respondió el hombre.*

*Narada quedó desconcertado. Y el hombre
prosiguió: «Hace cinco años, poco después
de que tú te marcharas, llegó a nuestra
aldea un santo mendigo. Nosotros le dimos
hospedaje aquella noche. Y a la mañana
siguiente, antes de partir, nos bendijo a
mi mujer y a mí... y el Señor nos ha
dado estos dos hijos».*

*Cuando Narada lo oyó, no pudo esperar más
y marchó inmediatamente al templo del
Señor Vishnú. Una vez allí, gritó desde
la misma entrada del templo: «¿No me dijiste
que no estaba en el destino de aquel hombre
el tener hijos? ¿Cómo es que ahora tiene dos?».*

*Cuando el Señor le oyó, rió sonoramente
y dijo: «Debe de haber sido cosa de un santo.
Los santos tienen el poder de cambiar
el destino».*

Uno recuerda instintivamente una fiesta de bodas en la que la
madre de Jesús, por medio de sus súplicas, consiguió que su hijo
realizara un milagro antes de lo previsto en su destino.

EL DESTINO EN UNA MONEDA

*El gran general japonés Nobunaga decidió
atacar, a pesar de que sólo contaba con
un soldado por cada diez enemigos. El
estaba seguro de vencer, pero sus soldados
abrigaban muchas dudas.*

*Cuando marchaban hacia el combate, se
detuvieron en un santuario sintoísta.
Después de orar en dicho santuario,
Nobunaga salió afuera y dijo: «Ahora
voy a echar una moneda al aire. Si sale
cara, venceremos; si sale cruz, seremos
derrotados. El destino nos revelará
su rostro».*

*Lanzó la moneda y salió cara. Los soldados
se llenaron de tal ansia de luchar que
no encontraron ninguna dificultad para vencer.*

*Al día siguiente, un ayudante le dijo a
Nobunaga: «Nadie puede cambiar el rostro
del destino».*

*«Exacto», le replicó Nobunaga mientras le
mostraba una moneda falsa que tenía
cara por ambos lados.*

¿El poder de la oración?

¿El poder del destino?

¿O el poder de una fe convencida de que algo va a ocurrir?

PEDIR LA LLUVIA

Cuando acude a ti el neurótico en busca de ayuda, rara vez pretende ser curado, porque toda curación es dolorosa. Lo que realmente desea es encontrarse a gusto con su neurosis. O, mejor aún, anhela un milagro que le cure sin dolor.

Al viejo le encantaba fumar su pipa después de la cena. Una noche su mujer olió que algo se quemaba y gritó: «¡Por Dios bendito, papá! Se te están quemando los bigotes».

«Ya lo sé», respondió el viejo airadamente. «¿No ves que estoy pidiendo la lluvia?».

EL ZORRO MUTILADO

Fábula del místico árabe Sa'di:

> Un hombre que paseaba por el bosque vio un
> zorro que había perdido sus patas, por
> lo que el hombre se preguntaba cómo podría
> sobrevivir. Entonces vio llegar a un tigre
> que llevaba una presa en su boca. El tigre
> ya se había hartado y dejó el resto
> de la carne para el zorro.

> Al día siguiente Dios volvió a alimentar
> al zorro por medio del mismo tigre. El
> comenzó a maravillarse de la inmensa
> bondad de Dios y se dijo a sí mismo:
> «Voy también yo a quedarme en un rincón,
> confiando plenamente en el Señor, y éste
> me dará cuanto necesito».

> Así lo hizo durante muchos días; pero no
> sucedía nada y el pobre hombre estaba casi
> a las puertas de la muerte cuando oyó una
> Voz que le decía: «¡Oh tú, que te hallas
> en la senda del error, abre tus ojos a la
> Verdad! Sigue el ejemplo del tigre y deja
> ya de imitar al pobre zorro mutilado».

Por la calle vi a una niña aterida y tiritando de frío dentro de su ligero vestidito y con pocas perspectivas de conseguir una comida decente. Me encolericé y le dije a Dios: «¿Por qué permites estas cosas? ¿Por qué no haces nada para solucionarlo?».

Durante un rato, Dios guardó silencio. Pero aquella noche, de improviso, me respondió: «Ciertamente que he hecho algo. Te he hecho a ti».

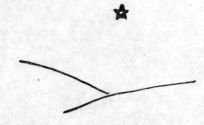

EL DIOS-ALIMENTO

Una vez decidió Dios visitar la tierra
y envió a un ángel para que inspeccionara
la situación antes de su visita.

Y el ángel regresó diciendo:
«La mayoría de ellos carece de comida;
la mayoría de ellos carece también
de empleo».

Y dijo Dios: «Entonces voy a
encarnarme en forma de comida para los
hambrientos y en forma de trabajo
para los parados».

LOS CINCO MONJES

El Lama del Sur dirigió una urgente llamada al gran Lama del Norte pidiéndole que le enviara a un monje sabio y santo que iniciara a los novicios en la vida espiritual. Para general sorpresa, el Gran Lama envió a cinco monjes, en lugar de uno solo. Y a quienes le preguntaban el motivo, les respondía enigmáticamente: «Tendremos suerte si al menos uno de los cinco consigue llegar al Lama».

El grupo llevaba algunos días en camino cuando llegó corriendo hasta ellos un mensajero que les dijo: «El sacerdote de nuestra aldea ha muerto. Necesitamos que alguien ocupe su lugar». La aldea parecía un lugar confortable y el sueldo del sacerdote era bastante atractivo. A uno de los monjes le entró un súbito interés pastoral por aquella gente y dijo: «No sería yo un verdadero budista si no me quedara a servir a esta gente». De modo que se quedó.

Unos días más tarde sucedió que
se encontraban en el palacio de
un rey que se encaprichó de uno
de los monjes. «Quédate con
nosotros», le dijo el rey, «y te
casarás con mi hija. Y cuando yo
muera, me sucederás en el trono».
El monje se sintió atraído por
la princesa y por el brillo de la
realeza, de manera que dijo: «¿Qué
mejor modo de influir en los
súbditos de este reino para
inclinarlos al bien que siendo
rey de todos ellos? No sería un
buen budista si no aceptara esta
oportunidad de servir a la causa
de nuestra santa religión». De modo
que también éste se quedó.

El resto del grupo siguió su
camino y una noche, hallándose en
una región montañosa, llegaron a
una solitaria cabaña habitada por
una bella muchacha que les ofreció
cobijo y le dio gracias a Dios por
haberle enviado a aquellos monjes.
Sus padres habían sido asesinados
por los bandidos y la muchacha se
encontraba sola y llena de ansiedad.
A la mañana siguiente, cuando llegó
la hora de partir, uno de los monjes
dijo: «Yo me quedaré con esta
muchacha. No sería un auténtico
budista si no practicara la
compasión». Fue el tercero
en abandonar.

*Los dos restantes llegaron, por
último, a una aldea budista,
donde, para su espanto,
descubrieron que todos los
habitantes de la aldea habían
abandonado su religión y habían
sido convencidos por un guru
hindú. Uno de los dos monjes
dijo: «Es mi deber hacia esta
pobre gente y hacia el Señor Buda
quedarme aquí y reconducirlos a
la verdadera religión». Fue el
último en abandonar.*

*Por fin, el quinto monje llegó
ante el Lama del Sur. El Gran
Lama del Norte había tenido
razón, después de todo.*

Hace años inicié la búsqueda de Dios. Una y otra vez me apartaba
del camino. Y siempre por los mejores motivos: para reformar
la liturgia, para transformar las estructuras de la Iglesia, para
actualizar mis estudios bíblicos y aprender la teología pertinente...

Por desgracia, me resulta más fácil embarcarme en el trabajo
religioso, sea cual sea, que perseverar firmemente en aquella
búsqueda.

ASCENDER

Entra el primer candidato:

«¿Entiende usted que esto no es más
que un simple 'test' que queremos
hacerle antes de darle el trabajo
que usted ha solicitado?».
«Sí».
«Perfectamente. ¿Cuántas son dos y dos?».
«Cuatro».

Entra el segundo candidato:

«¿Está usted listo para el 'test'?».
«Sí».
«Perfectamente. ¿Cuántas son dos y dos?».
«Lo que diga el jefe».

El segundo candidato consiguió el trabajo.

La actitud del segundo candidato es muy recomendable si deseas ascender en cualquier institución, secular o religiosa.

Frecuentemente te servirá para sacar estupendas notas en los exámenes religiosos. Por eso los licenciados en teología muchas veces son más conocidos por su amor a la doctrina que por su amor a la verdad.

DIOGENES

Estaba el filósofo Diógenes cenando
lentejas cuando le vio el filósofo
Aristipo, que vivía confortablemente
a base de adular al rey.

Y le dijo Aristipo: «Si aprendieras
a ser sumiso al rey, no tendrías
que comer esa basura de lentejas».

A lo que replicó Diógenes: «Si
hubieras tú aprendido a comer
lentejas, no tendrías que
adular al rey».

LEVANTARSE Y SER VISTO

Decir la verdad tal como uno la ve requiere mucho valor cuando uno pertenece a una institución.

Pero desafiar a la propia institución exige aún más valor. Y fue esto lo que hizo Jesús.

Cuando Kruschev pronunció su famosa denuncia
de la era staliniana, cuentan que uno de
los presentes en el Comité Central dijo:
«¿Dónde estabas tú, camarada Kruschev,
cuando fueron asesinadas todas esas
personas inocentes?».

Kruschev se detuvo, miró en torno por
toda la sala y dijo: «Agradecería que
quien lo ha dicho tuviera la bondad
de ponerse en pie».

La tensión se podía mascar en la sala.
Pero nadie se levantó.

Entonces dijo Kruschev: «Muy bien, ya
tienes la respuesta, seas quien seas.
Yo me encontraba exactamente en el mismo
lugar en que tú estás ahora».

Jesús se habría levantado.

LA TIENDA DE LA VERDAD

No. podía dar crédito a mis ojos cuando
vi el nombre de la tienda: LA TIENDA
DE LA VERDAD. Así que allí vendían verdad.

La correctísima dependienta me preguntó
qué clase de verdad deseaba yo comprar:
verdad parcial o verdad plena. Respondí
que, por supuesto, verdad plena. No
quería fraudes, ni apologías, ni
racionalizaciones. Lo que deseaba era
mi verdad desnuda, clara y absoluta.
La dependienta me condujo a otra sección
del establecimiento en la que se vendía
la verdad plena.

117

El vendedor que trabajaba en aquella
sección me miró compasivamente y me
señaló la etiqueta en la que figuraba
el precio. «El precio es muy elevado,
señor», me dijo. «¿Cuál es?», le pregunté
yo, decidido a adquirir la verdad plena
a cualquier precio. «Si usted se la
lleva», me dijo, «el precio consiste
en no tener ya descanso durante el
resto de su vida».

Salí de la tienda entristecido. Había
pensado que podría adquirir la verdad
plena a bajo precio. Aún no estoy listo
para la Verdad. De vez en cuando ansío
la paz y el descanso. Todavía necesito
engañarme un poco a mí mismo con mis
justificaciones y mis racionalizaciones.
Sigo buscando aún el refugio de mis
creencias incontestables.

LA SENDA ESTRECHA

*En cierta ocasión previno Dios al pueblo
de un terremoto que habría de tragarse
las aguas de toda la tierra. Y las aguas
que reemplazarían a las desaparecidas
habrían de enloquecer a todo el mundo.*

*Tan sólo el profeta se tomó en serio a
Dios. Transportó hasta la cueva de su
montaña enormes recipientes de agua, de
modo que no hubiera ya de faltarle el
líquido elemento en los días de su vida.*

Y efectivamente, se produjo el terremoto,
desaparecieron las aguas y una nueva agua
llenó los arroyos y los lagos y los ríos
y los estanques. Algunos meses más tarde
bajó el profeta de su montaña a ver lo
que había ocurrido. Y era verdad: todo
el mundo se había vuelto loco y le
atacaba a él y no quería tener nada que
ver con él. Y hasta se convenció todo
el mundo de que era él el que estaba loco.

Así pues, el profeta regresó a su
cueva de la montaña, contento por haber
tenido la precaución de guardar agua.
Pero, a medida que transcurría el tiempo,
la soledad se le hacía insoportable.
Anhelaba tener compañía humana. De modo
que descendió de nuevo a la llanura.
Pero nuevamente fue rechazado por la
gente, tan diferente de él.

Entonces el profeta tomó su decisión:
Tiró el agua que había guardado,
bebió del agua nueva y se unió a sus
semejantes en su locura.

Cuando buscas la Verdad, vas solo. La senda es demasiado estrecha para llevar compañía. Pero ¿quién puede soportar semejante soledad?

EL FARSANTE

*La sala estaba abarrotada, en su mayoría
por ancianas damas. Se trataba de una
especie de nueva religión o secta. Uno
de los oradores se levantó para hablar,
vestido únicamente con un turbante y un
taparrabos. Y habló emocionadamente
acerca del poder de la mente sobre la
materia y de la psique sobre el soma.*

*Todo el mundo escuchaba embelesado. Al
acabar, el orador regresó a su sitio,
justamente enfrente de mí. Su vecino de
asiento se dirigió a él y le preguntó
en voz baja, aunque perfectamente audible:
«¿Cree usted realmente lo que dice de que
el cuerpo no siente nada, sino que todo
está en la mente y que la mente puede ser
conscientemente influida por la voluntad?».*

*«Naturalmente que lo creo», respondió el
farsante con piadosa convicción.*

*«Entonces», le replicó su vecino, «¿le
importaría cambiarme el sitio? Es que
estoy en medio de una corriente...».*

Muchas veces he intentado desesperadamente practicar lo que
predico.

Si me limitara a predicar lo que practico, sería mucho menos
farsante.

EL CONTRATO SOÑADO

*Eran las nueve de la mañana y Nasruddin
seguía completamente dormido. El sol
estaba en todo lo alto, los pájaros
gorjeaban en las ramas y el desayuno
de Nasruddin se estaba enfriando.
De manera que su mujer le despertó.*

*Nasruddin se espabiló furiosísimo:
«¿Por qué me despiertas precisamente
ahora?», gritó. «¿No podías haber
aguardado un poco más?».*

*«El sol está en todo lo alto», replicó
su mujer, «los pájaros gorjean en las
ramas y tu desayuno se está enfriando»*

«¡Qué mujer más estúpida!», dijo Nasruddin.
«¡El desayuno es una bagatela, comparado con
el contrato por valor de cien mil piezas
de oro que estaba a punto de firmar!».
De modo que se dio la vuelta y se arrebujó
entre las sábanas durante un largo rato,
intentando recobrar el sueño y el contrato
que su mujer había hecho añicos.

Ahora bien, sucedía que Nasruddin pretendía realizar una estafa en aquel contrato, y la otra parte contratante era un injusto tirano.

Si, al recobrar el sueño, Nasruddin renuncia a su estafa, será **un santo.**

Si se esfuerza denodadamente por liberar a la gente de la opresión **del** tirano, será un reformador.

Si, en medio de su sueño, de pronto cae en la cuenta de que está soñando, se convertirá en un hombre despierto y en un **místico.**

¿De qué vale ser un santo o un reformador si uno está dormido?

124

MUY BIEN, MUY BIEN...

*En una aldea de pescadores, una muchacha
soltera tuvo un hijo y, tras ser vapuleada,
al fin reveló quién era el padre de la
criatura: el maestro Zen, que se hallaba
meditando todo el día en el templo
situado en las afueras de la aldea.*

*Los padres de la muchacha y un numeroso
grupo de vecinos se dirigieron al templo,
interrumpieron bruscamente la meditación
del Maestro, censuraron su hipocresía y
le dijeron que, puesto que él era el
padre de la criatura, tenía que hacer
frente a su mantenimiento y educación.
El Maestro respondió únicamente:
«Muy bien, muy bien...».*

Cuando se marcharon, recogió del suelo
al niño y llegó a un acuerdo económico con
una mujer de la aldea para que se ocupara
de la criatura, la vistiera y la alimentara.

La reputación del Maestro quedó por los
suelos. Ya no se le acercaba nadie a
recibir instrucción.

Al cabo de un año de producirse esta
situación, la muchacha que había tenido
el niño ya no pudo aguantar más y acabó
confesando que había mentido. El padre de
la criatura era un joven que vivía en
la casa de al lado.

Los padres de la muchacha y todos los
habitantes de la aldea quedaron
avergonzados. Entonces acudieron al
Maestro, a pedirle perdón y a solicitar
que les devolviera el niño. Así lo hizo
el Maestro. Y todo lo que dijo fue:
«Muy bien, muy bien...».

¡El hombre despierto!

¿Perder la reputación...? No difiere demasiado de perder aquel contrato que uno estaba a punto de firmar en sueños.

LOS HIJOS MUERTOS EN SUEÑOS

Un humilde pescador y su mujer
tuvieron un hijo al cabo de
muchos años de matrimonio.
El niño era el orgullo y la
alegría de sus padres. Pero un
buen día cayó gravemente enfermo.
Los padres gastaron una fortuna
en médicos y en medicinas.
Pero el niño murió.

La madre quedó absolutamente
destrozada por la pena. El padre,
por el contrario, no derramó
una sola lágrima.

127

Cuando, después del funeral,
la mujer reprochó al marido
su total falta de aflicción,
el pescador le dijo: «Déjame
que te diga por qué no he llorado.
Verás: la otra noche soñé que
era un rey, padre orgulloso de
ocho hijos. ¡Qué feliz era...!
Pero entonces desperté.
Y ahora estoy enormemente
desconcertado. No sé si debo
llorar por aquellos ocho hijos
o por este otro».

EL AGUILA REAL

Un hombre se encontró un huevo de águila.
Se lo llevó y lo colocó en el nido de
una gallina de corral. El aguilucho fue
incubado y creció con la nidada de pollos.

Durante toda su vida, el águila hizo lo
mismo que hacían los pollos, pensando que
era un pollo. Escarbaba la tierra en
busca de gusanos e insectos, piando y
cacareando. Incluso sacudía las alas y
volaba unos metros por el aire, al igual
que los pollos. Después de todo, ¿no es
así como vuelan los pollos?

Pasaron los años y el águila se hizo vieja.
Un día divisó muy por encima de ella, en
el límpido cielo, una magnífica ave que
flotaba elegante y majestuosamente por
entre las corrientes de aire, moviendo
apenas sus poderosas alas doradas.

La vieja águila miraba asombrada hacia
arriba «¿Qué es eso?», preguntó a
una gallina que estaba junto a ella.

«Es el águila, el rey de las aves»,
respondió la gallina. «Pero no pienses
en ello. Tú y yo somos diferentes de él».

De manera que el águila no volvió a
pensar en ello. Y murió creyendo que
era una gallina de corral.

EL PATITO

El santón sufi Shams-e Tabrizi cuenta acerca de sí mismo la siguiente historia:

Desde que era niño se me ha considerado
un inadaptado. Nadie parecía entenderme.
Mi propio padre me dijo en cierta ocasión:
«No estás lo suficientemente loco como
para encerrarte en un manicomio ni eres
lo bastante introvertido como para
meterte en un monasterio. No sé
qué hacer contigo».

Yo le respondí: «Una vez pusieron un
huevo de pata a que lo incubara una
gallina. Cuando rompió el cascarón, el
patito se puso a caminar junto a la
gallina madre, hasta que llegaron a un
estanque. El patito se fue derecho al
agua, mientras la gallina se quedaba en
la orilla cloqueando angustiadamente.
Pues bien, querido padre, yo me he
metido en el océano y he encontrado en él
mi hogar. Pero tú no puedes echarme la culpa
de haberte quedado en la orilla».

LA MUÑECA DE SAL

Una muñeca de sal recorrió miles
de kilómetros de tierra firme,
hasta que, por fin, llegó al mar.

Quedó fascinada por aquella móvil
y extraña masa, totalmente distinta
de cuanto había visto hasta entonces.

«¿Quién eres tú?», le preguntó
al mar la muñeca de sal.

Con una sonrisa, el mar le respondió:
«Entra y compruébalo tú misma».

Y la muñeca se metió en el mar.
Pero, a medida que se adentraba en
él, iba disolviéndose, hasta que
apenas quedó nada de ella.
Antes de que se disolviera el
último pedazo, la muñeca exclamó
asombrada: «¡Ahora ya sé quién soy!».

¿QUIEN SOY YO?

Este es un cuento de Attar de Neishapur.

> El amante llamó a la puerta de su amada.
> «¿Quién es», preguntó la amada desde
> dentro. «Soy yo», dijo el amante.
> «Entonces márchate. En esta casa
> no cabemos tú y yo».

El rechazado amante se fue al desierto,
donde estuvo meditando durante meses,
considerando las palabras de la amada.
Por fin regresó y volvió a llamar
a la puerta.

«¿Quién es?».
«Soy tú».

Y la puerta se abrió inmediatamente.

134

EL AMANTE HABLADOR

*Un amante estuvo durante meses
pretendiendo a su amada sin éxito,
sufriendo el atroz padecimiento
de verse rechazado. Al fin su amada
cedió: «Acude a tal lugar a tal
hora», le dijo.*

*Y allí, a la hora fijada, al fin se
encontró el amante junto a su amada.
Entonces metió la mano en su bolso y
sacó un fajo de cartas de amor que
había escrito durante los últimos
meses. Eran cartas apasionadas en las
que expresaba su dolor y su ardiente
deseo de experimentar los deleites del
amor y la unión con ella. Y se puso a
leérselas a su amada. Pasaron las
horas y él seguía leyendo.*

*Por fin dijo la mujer: «¿Qué clase de
estúpido eres? Todas esas cartas hablan
de mí y del deseo que tienes de mí.
Pues bien, ahora me tienes junto a ti
y no haces más que leer tus
estúpidas cartas».*

«Ahora me tienes junto a ti», dijo Dios a su ferviente devoto,
«y no haces más que darle vueltas a tu cabeza pensando en mí,
hablar acerca de mí con tu lengua y leer lo que dicen de mí tus
libros. ¿Cuándo te vas a callar y me vas a probar?».

RENUNCIAR AL «YO»

El discípulo: Vengo a ofrecerte
mis servicios.

El maestro: Si renuncias a tu «yo»,
el servicio brotará
automáticamente.

Puedes entregar todos tus bienes para ayudar a los pobres, y entregar tu cuerpo a la hoguera, y no tener amor en absoluto.

Guarda tus bienes y renuncia a tu «yo». No quemes tu cuerpo; quema tu «ego». Y el amor brotará automáticamente.

136

ABANDONA TU NADA

Pensaba que era de vital importancia ser pobre y austero.
Jamás había caído en la cuenta de que lo vitalmente importante
era renunciar a su «ego»; que el «ego» engorda tanto con lo
santo como con lo mundano, con la pobreza como con la riqueza,
con la austeridad como con el lujo. No hay nada de lo que no
se sirva el «ego» para hincharse.

> *El discípulo:* *Vengo a ti con nada en*
> *las manos.*
>
> *El maestro:* *Entonces suéltalo en seguida.*
>
> *El discípulo:* *Pero ¿cómo voy a soltarlo si*
> *es nada?*
>
> *El maestro:* *Entonces llévatelo contigo.*

De tu *nada* puedes hacer una auténtica posesión.
Y llevar contigo tu renuncia como un trofeo.
No abandones tus posesiones. Abandona tu «ego».

EL MAESTRO ZEN Y EL CRISTIANO

Una vez visitó un cristiano a un maestro
Zen y le dijo: «Permíteme que te lea
algunas frases del Sermón de la Montaña».

«Las escucharé con sumo gusto»,
replicó el maestro.

El cristiano leyó unas cuantas frases
y se le quedó mirando. El maestro sonrió
y dijo: «Quienquiera que fuese el que dijo
esas palabras, ciertamente fue
un hombre iluminado».

Esto agradó al cristiano, que siguió
leyendo. El maestro le interrumpió y le
dijo: «Al hombre que pronunció esas
palabras podría realmente llamársele
Salvador de la humanidad».

138

El cristiano estaba entusiasmado y
siguió leyendo hasta el final. Entonces
dijo el maestro: «Ese sermón fue
pronunciado por un hombre que
irradiaba divinidad».

La alegría del cristiano no tenía límites.
Se marchó decidido a regresar otra vez y
convencer al maestro Zen de que debería
hacerse cristiano.

De regreso a su casa, se encontró con Cristo, que estaba sentado junto al camino. «¡Señor», le dijo entusiasmado, «he conseguido que aquel hombre confiese que eres divino!».

Jesús se sonrió y dijo: «¿Y qué has conseguido sino hacer que se hinche tu 'ego' cristiano?».

CONSUELO PARA EL DEMONIO

Una antigua leyenda cristiana:

Cuando el Hijo de Dios fue clavado en la cruz y entregó su espíritu, descendió inmediatamente a los infiernos y liberó a todos los pecadores que allí sufrían tormentos.

Y el demonio se afligió y lloró, porque creía que ya no conseguiría más pecadores para el infierno.

Entonces le dijo Dios: «No llores, que yo he de enviarte a todas esas santas personas que se complacen en la autoconciencia de su bondad y de su santurronería y en la condenación de los pecadores. Y el infierno volverá a llenarse una vez más, durante generaciones, hasta que decida yo regresar de nuevo».

MEJOR DORMIR QUE MURMURAR

Sa'di de Shiraz relata esta historia acerca de sí mismo:

*Cuando yo era niño, era un muchacho
piadoso, ferviente en la oración y
en las devociones. Una noche estaba
yo velando con mi padre, mientras
sostenía el Corán en mis rodillas.*

*Todos los que se hallaban en el
recinto comenzaron a adormilarse
y no tardaron en quedar profundamente
dormidos. De modo que le dije a mi
padre: «Ni uno solo de esos dormilones*

es capaz de abrir sus ojos o alzar
su cabeza para decir sus oraciones.
Diría uno que están todos muertos».

Y mi padre me replicó: «Mi querido
hijo, preferiría que también tú
estuvieras dormido como ellos,
en lugar de murmurar».

La conciencia de la propia virtud es un riesgo muy propio de quien se embarca en la oración y en la piedad.

EL MONJE Y LA MUJER

De camino hacia su monasterio, dos monjes
budistas se encontraron con una bellísima
mujer a la orilla de un río. Al igual que
ellos, quería ella cruzar el río, pero
éste bajaba demasiado crecido. De modo que
uno de los monjes se la echó a la espalda
y la pasó a la otra orilla.

El otro monje estaba absolutamente escandalizado
y por espacio de dos horas estuvo
censurando su negligencia en la observancia
de la Santa Regla: ¿Había olvidado que era
un monje? ¿Cómo se había atrevido a tocar a
una mujer y a transportarla al otro lado
del río? ¿Qué diría la gente? ¿No había
desacreditado la Santa Religión? Etcétera.

El acusado escuchó pacientemente el interminable
sermón. Y al final estalló: «Hermano,
yo he dejado a aquella mujer en el río.
¿Eres tú quien la lleva ahora?».

Dice el místico árabe Abu Hassan Bushanja: «El acto de pecar es mucho menos nocivo que el deseo y la idea de hacerlo. Una cosa es condescender con el cuerpo en un placentero acto momentáneo y otra cosa muy distinta que la mente y el corazón lo estén rumiando constantemente».

Cuando las personas religiosas no dejan de darle vueltas a los pecados de los demás, uno sospecha que esa insistencia les proporciona más placer del que el pecado proporciona al pecador.

EL ATAQUE DE CORAZON ESPIRITUAL

*El corazón del tío Tom era muy débil
y el médico le había aconsejado que
tuviera mucho cuidado. De modo que,
cuando sus familiares se enteraron de
que el tío había heredado mil millones
de dólares de un pariente difunto,
tuvieron miedo de comunicarle la
noticia, no fuera a ser que le
ocasionara un ataque al corazón.*

*Así pues, pidieron ayuda al párroco,
el cual les aseguró que él encontraría
el modo de decírselo. «Dígame, Tom»,
le dijo el Padre Murphy al anciano
cardiópata, «si Dios, en su misericordia,
le enviara mil millones de dólares,
¿qué haría usted con ellos?».*

*Tom pensó unos instantes y dijo sin
el menor asomo de duda: «Le daría a
usted la mitad para la iglesia, Padre».*

*Al oírlo, el Padre Murphy sufrió un
repentino ataque al corazón.*

Cuando el próspero empresario sufrió un ataque al corazón, debido a sus esfuerzos por fomentar su imperio industrial, resultó fácil hacerle ver su codicia y su egoísmo. Cuando el párroco sufrió un ataque al corazón por promover el Reino de Dios, fue imposible hacerle ver que se trataba de codicia y de egoísmo, aunque fuera en una forma más aceptable. ¿Había estado realmente promoviendo el Reino de Dios o a sí mismo? El Reino de Dios no necesita ser promovido, sino que él mismo fluye espontáneamente sin necesidad de nuestra anhelante ayuda. ¡Mucho ojo con nuestra ansia, que puede revelar nuestro egoísmo! ¿O no?

CONOCER A CRISTO

Diálogo entre un recién convertido a Cristo y un amigo no creyente:

> «¿De modo que te has convertido a Cristo?».
> «Sí».
> «Entonces sabrás mucho sobre él. Dime:
> ¿en qué país nació?».
> «No lo sé».
> «¿A qué edad murió?».
> «Tampoco lo sé».

«¿Sabrás al menos cuántos sermones
pronunció?».
«Pues no ... No lo sé».
«La verdad es que sabes muy poco, para
ser un hombre que afirma haberse
convertido a Cristo...».
«Tienes toda la razón. Y yo mismo
estoy avergonzado de lo poco que sé
acerca de El. Pero sí que sé algo:
Hace tres años, yo era un borracho.
Estaba cargado de deudas. Mi familia
se deshacía en pedazos. Mi mujer y
mis hijos temían como un nublado mi
vuelta a casa cada noche. Pero ahora
he dejado la bebida; no tenemos deudas;
nuestro hogar es un hogar feliz;
mis hijos esperan ansiosamente mi
vuelta a casa cada noche. Todo esto
es lo que ha hecho Cristo por mí.
¡Y esto es lo que sé de Cristo!».

Conocer **realmente**. Es decir, ser transformado por lo que uno
conoce.

LA MIRADA DE JESUS

En el Evangelio de Lucas leemos lo siguiente:

Le dijo Pedro: «¡Hombre, no sé de qué hablas!».
Y en aquel momento, estando aún hablando,
cantó un gallo, y el Señor se volvió y miró
a Pedro... Y Pedro, saliendo fuera, rompió
a llorar amargamente.

Yo he tenido unas relaciones bastante buenas con el Señor. Le pedía cosas, conversaba con El, cantaba sus alabanzas, le daba gracias...

Pero siempre tuve la incómoda sensación de que El deseaba que le mirara a los ojos..., cosa que yo no hacía. Yo le hablaba, pero desviaba mi mirada cuando sentía que El me estaba mirando.

Yo miraba siempre a otra parte. Y sabía por qué: tenía miedo. Pensaba que en sus ojos iba a encontrar una mirada de reproche por algún pecado del que no me hubiera arrepentido. Pensaba que en sus ojos iba a descubrir una exigencia; que había algo que El deseaba de mí.

Al fin, un día, reuní el suficiente valor y miré. No había en sus ojos reproche ni exigencia. Sus ojos se limitaban a decir: «Te quiero». Me quedé mirando fijamente durante largo tiempo. Y allí seguía el mismo mensaje: «Te quiero».

Y, al igual que Pedro, salí fuera y lloré.

EL HUEVO DE ORO

Un pasaje de un texto sagrado:

> *Esto dice el Señor: Había una vez una gansa
> que ponía cada día un huevo de oro. La mujer
> del propietario de la gansa se deleitaba en
> las riquezas que aquellos huevos le procuraban.
> Pero era una mujer avariciosa y no podía
> soportar esperar pacientemente día tras día
> para conseguir el huevo. De modo que decidió
> matar a la gansa y hacerse con todos los
> huevos de una vez. Y así lo hizo: mató a la
> gansa y lo único que consiguió fue un huevo
> a medio formar y una gansa muerta
> que ya no podría poner más huevos.*
>
> *¡Hasta aquí la palabra de Dios!*

*Un ateo oyó este relato y se burló: «¿Esto es
lo que llamáis palabra de Dios? ¿Una gansa
que pone huevos de oro? Eso, lo único que
demuestra es el crédito que podéis dar
a eso que llamáis 'Dios'...».*

*Cuando leyó el texto un sujeto versado en
asuntos religiosos, reaccionó de la siguiente
manera: «El Señor nos dice claramente que
hubo una gansa que ponía huevos de oro. Y si
el Señor lo dice, tiene que ser cierto, por
muy absurdo que pueda parecer a nuestras
pobres mentes humanas. De hecho, los estudios
arqueológicos nos proporcionan algunos vagos
indicios de que, en algún momento de la
historia antigua, existió realmente una
misteriosa gansa que ponía huevos de oro.
Ahora bien, preguntaréis, y con razón,
cómo puede un huevo, sin dejar de ser huevo,
ser al mismo tiempo de oro. Naturalmente
que no hay respuesta para ello. Diversas
escuelas de pensamiento religioso intentan
explicarlo de distintos modos. Pero lo que
se requiere, en último término, es un acto
de fe en este misterio que desconcierta
a la mente humana».*

Hubo incluso un predicador que, después de leer el texto, anduvo
viajando por pueblos y ciudades, urgiendo celosamente a la gente
a aceptar el hecho de que Dios había creado huevos de oro en
un determinado momento de la historia.

Pero ¿no habría empleado mejor su tiempo si se hubiera dedicado
a enseñar las funestas consecuencias de la avaricia, en lugar de
fomentar la creencia en los huevos de oro? Porque ¿no es acaso
infinitamente menos importante decir «¡Señor, Señor!», que hacer
la voluntad de nuestro Padre de los cielos?

LA BUENA NOTICIA

Esta es la Buena Noticia proclamada por Nuestro Señor Jesucristo:

*Jesús enseñaba a sus discípulos en
parábolas. Y les decía:*

> *El Reino de los cielos es semejante a
> dos hermanos que vivían felices y contentos,
> hasta que recibieron la llamada de Dios
> a hacerse discípulos.*
>
> *El de más edad respondió con generosidad a
> la llamada, aunque tuvo que ver cómo se
> desgarraba su corazón al separarse de su
> familia y de la muchacha a la que amaba y
> con la que soñaba casarse. Pero, al fin, se
> marchó a un país lejano, donde gastó su
> propia vida al servicio de los más pobres
> de entre los pobres. Se desató en aquel país
> una persecución, de resultas de la cual fue
> detenido, falsamente acusado, torturado
> y condenado a muerte.*

Y el Señor le dijo: «Muy bien, siervo fiel
y cumplidor. Me has servido por el valor de
mil talentos. Voy a recompensarte con mil
millones de talentos. ¡Entra er: el gozo
de tu Señor!».

La respuesta del más joven fue mucho menos
generosa. Decidió ignorar la llamada, seguir
su camino y casarse con la muchacha a la que
amaba. Disfrutó de un feliz matrimonio, le
fue bien en los negocios y llegó a ser rico
y próspero. De vez en cuando daba una
limosna a algún mendigo o se mostraba
bondadoso con su mujer y sus hijos. También
de vez en cuando enviaba una pequeña suma de
dinero a su hermano mayor, que se hallaba en
un remoto país, adjuntándole una nota en la
que decía: «Tal vez con esto puedas ayudar
mejor a aquellos pobres diablos».

Cuando le llegó la hora, el Señor le dijo:
«Muy bien, siervo fiel y cumplidor. Me has
servido por valor de diez talentos. Voy a
recompensarte con mil millones de talentos.
¡Entra en el gozo de tu Señor!».

El hermano mayor se sorprendió al oír que
su hermano iba a recibir la misma recompensa
que él. Pero le agradó sobremanera. Y dijo:
«Señor, aun sabiendo esto, si tuviera que
nacer de nuevo y volver a vivir, haría
por ti exactamente lo mismo que he hecho».

Esta sí que es una Buena Noticia: un Señor generoso y un discípulo que le sirve por el mero gozo de servir con amor.

JONEYED Y EL BARBERO

El santo Joneyed acudió a La Meca vestido
de mendigo. Estando allí, vio cómo un barbero
afeitaba a un hombre rico. Al pedirle al
barbero que le afeitara a él, el barbero
dejó inmediatamente al hombre rico y se
puso a afeitar a Joneyed. Y al acabar no
quiso cobrarle. En realidad, lo que hizo
fue dar además a Joneyed una limosna.

Joneyed quedó tan impresionado que
decidió dar al barbero todas las limosnas
que pudiera recoger aquel día.

Sucedió que un acaudalado peregrino se
acercó a Joneyed y le entregó una bolsa de
oro. Joneyed se fue aquella tarde a la
barbería y ofreció el oro al barbero.

> Pero el barbero le gritó: «¿Qué clase de
> santo eres? ¿No te da vergüenza pretender
> pagar un servicio hecho con amor?».

A veces se oye decir a la gente: «Señor, he hecho mucho por Ti.
¿Qué recompensa me vas a dar?».

*   *   *

Siempre que se ofrece o se busca una recompensa, el amor se
hace mercenario.

Una fantasía:

> El discípulo clamó al Señor:
> «¿Qué clase de Dios eres?
> ¿No te da vergüenza pretender recompensar
> un servicio hecho con amor?».

> El Señor sonrió y dijo:
> «Yo no recompenso a nadie; lo único
> que hago es regocijarme con tu amor».

EL HIJO MAYOR

El tema del sermón era el del hijo pródigo. El predicador hablaba con honda emoción del increíble amor del Padre. Pero ¿qué había de asombroso en el amor del Padre? Hay miles de padres humanos (y probablemente más madres aún) capaces de amar de semejante modo.

La parábola realmente pretendía ser una indirecta dirigida a los fariseos:

> *Todos los publicanos y los pecadores se acercaban*
> *a El para oírle; y los fariseos y los escribas*
> *murmuraban, diciendo: «Este acoge a los pecadores*
> *y ,come con ellos». Entonces les dijo esta*
> *parábola...*
>
> (Lc 15, 1-2)

155

¡El protestón! ¡El fariseo! ¡El hijo mayor! Ahí está la finalidad de la parábola.

> Estaba Dios un día paseando por el cielo
> cuando, para su sorpresa, se encontró con
> que todo el mundo se hallaba allí. Ni una
> sola alma había sido enviada al infierno.
> Esto le inquietó, porque ¿acaso no tenía
> obligación para consigo mismo de ser justo?
> Además, ¿para qué había sido creado el
> infierno, si no se iba a usar?

> De modo que dijo al ángel Gabriel: «Reúne
> a todo el mundo ante mi trono y léeles
> los Diez Mandamientos».

> Todo el mundo acudió y leyó Gabriel el
> primer mandamiento. Entonces dijo Dios:
> «Todo el que haya pecado contra este
> mandamiento deberá trasladarse al
> infierno inmediatamente». Algunas personas
> se separaron de la multitud y se fueron
> llenas de tristeza al infierno.

> Lo mismo se hizo con el segundo
> mandamiento, con el tercero, el cuarto, el
> quinto... Para entonces, la población del
> cielo había decrecido considerablemente.
> Tras ser leído el sexto mandamiento, todo
> el mundo se fue al infierno, a excepción
> de un solo individuo gordo, viejo y calvo.

> Le miró Dios y dijo a Gabriel: «¿Es ésta la
> única persona que ha quedado en el cielo?».

> «Sí», respondió Gabriel.

«¡Vaya!», dijo Dios, «se ha quedado bastante
solo, ¿no es verdad? Anda y di a todos que
vuelvan».

Cuando el gordo, viejo y calvo individuo
oyó que todos iban a ser perdonados, se
indignó y gritó a Dios: «¡Eso es injusto!
¿Por qué no me lo dijiste antes?».

¡Ajá! ¡Otro fariseo a la vista! ¡Otro hijo mayor! ¡El hombre que
cree en recompensas y castigos y que es un fanático de la más
estricta justicia!

LA RELIGION DE LA VIEJA DAMA

*A una vieja dama de mentalidad muy
religiosa, a la que no satisfacía
ninguna de las religiones existentes,
se le ocurrió fundar su propia religión.*

*Un periodista, que deseaba sinceramente
comprender el punto de vista de dicha
anciana, le preguntó un día: «¿De veras
cree usted, como dice la gente, que
nadie irá al cielo, a excepción de
usted misma y de su criada?».*

*La vieja dama reflexionó unos instantes
y respondió: «Bueno... de la pobre
María no estoy tan segura».*

LA FALTA DE MEMORIA DEL AMOR

«¿Por qué no dejas nunca de hablar de
mis pasados errores?», le preguntó el
marido a su mujer. «Yo pensaba que
habías perdonado y olvidado».

«Y es cierto. He perdonado y olvidado»,
respondió la mujer. «Pero quiero estar
segura de que tú no olvides que yo
he perdonado y olvidado».

* * *

Un diálogo:

El discípulo: «¡No te acuerdes de mis
pecados, Señor!».

El Señor: «¿Pecados? ¿Qué pecados?
Como tú no me los recuerdes...
Yo los he olvidado hace siglos».

El Amor no lleva cuenta de las ofensas.

EL LOTO

Mi amigo me tenía totalmente asombrado. Estaba decidido a demostrar a toda la vecindad lo santo que era. Incluso se había puesto un ropaje adecuado a dicho propósito. Yo siempre había creído que cuando un hombre es auténticamente santo, resulta evidente para los demás, sin necesidad de ayudarles a que lo vean. Pero mi amigo estaba determinado a proporcionar esta ayuda a sus vecinos. Llegó incluso a organizar un pequeño grupo de discípulos que demostraran ante todo el mundo esa pretendida santidad. Lo llamaban *'dar testimonio'*.

> *Al pasar por el estanque, vi un loto*
> *en flor e instintivamente le dije:*
> *«¡Qué hermoso eres, querido loto! ¡Y qué*
> *hermoso debe de ser Dios, que te ha creado!».*

*El loto se ruborizó, porque jamás había
tenido la menor conciencia de su gran
hermosura. Pero le encantó que Dios
fuera glorificado.*

*Era mucho más hermoso por el hecho de
ser tan inconsciente de su belleza. Y me
atraía irresistiblemente porque en modo
alguno pretendía impresionarme.*

*   *   *

*En otro estanque situado un poco más allá
pude ver cómo otro loto desplegaba sus
pétalos ante mí con absoluto descaro y me
decía: «Fíjate en mi belleza y glorifica
a mi Hacedor».*

Y me marché con mal sabor de boca.

Cuando trato de *edificar*, estoy tratando de impresionar a los
demás. ¡Cuidado con el fariseo bienintencionado!

LA TORTUGA

Era el «líder» de un grupo religioso. Una especie de guru.
Venerado, respetado y hasta amado. Pero se me quejaba de que
había perdido el calor de la compañía humana. La gente le buscaba
para obtener ayuda y consejo, pero no se le acercaba como a un
ser humano. No se 'relajaba' en su compañía.

¿Y cómo iban a hacerlo? Me fijé en él: era un hombre equili-
brado, con perfecto dominio de sí, solemne, perfecto. Y le dije:
«Tienes que hacer una difícil elección: ser una persona viva y
atractiva o equilibrada y respetada. No puedes ser ambas cosas».
Se alejó de mí con tristeza. Me dijo que su situación no le
permitía ser una persona activa y vitalista, ser él mismo en defi-
nitiva. Tenía que desempeñar un papel y ser respetado.

Parece ser que Jesús fue un hombre vivo y libre, no una persona superequilibrada y respetada. Sabemos con certeza que sus palabras y su conducta chocaban a muchas personas respetables.

El emperador de China oyó hablar de la sabiduría de un eremita que vivía en las montañas del Norte y envió a él mensajeros para ofrecerle el cargo de Primer Ministro del reino.

Al cabo de muchos días de viaje, llegaron allá los mensajeros y encontraron al eremita medio desnudo, sentado sobre una roca y enfrascado en la pesca. Al principio dudaron de que pudiera ser aquél el hombre a quien en tan alto concepto tenía el emperador, pero, tras inquirir en la aldea cercana, se convencieron de que realmente se trataba de él. De modo que se presentaron en la ribera del río y le llamaron con sumo respeto.

El eremita caminó por el agua hasta la orilla, recibió los ricos presentes de los mensajeros y escuchó su extraña petición. Cuando, al fin, comprendió que el emperador le requería a él, al eremita, para ser Primer Ministro del reino, echó la cabeza atrás y estalló en carcajadas. Y una vez que consiguió refrenar sus risas, dijo a los desconcertados mensajeros: «¿Veis aquella tortuga, cómo mueve su cola en el estiércol?».

«Sí, venerable señor», respondieron los mensajeros.

*«Pues bien, decidme: ¿es cierto que cada día
se reúne la corte del emperador en la capilla
real para rendir homenaje a una tortuga
disecada que se halla encerrada encima del
altar mayor, una tortuga divina cuyo
caparazón está incrustado de diamantes,
rubíes y otras piedras preciosas?».*

*«Sí, es cierto, honorable señor»,
dijeron los mensajeros.*

*«Pues bien, ¿pensáis que aquel pobre bicho
que mueve su cola en el estiércol podría
reemplazar a la divina tortuga?».*

*«No, venerable señor», respondieron
los mensajeros.*

*«Entonces id a decir al emperador que
tampoco yo puedo. Prefiero mil veces estar
vivo entre estas montañas que muerto en
su palacio. Porque nadie puede vivir
en un palacio y estar vivo».*

BAYAZID QUEBRANTA LA NORMA

Bayazid, el santo musulmán, actuaba
a veces deliberadamente en contra de
las formas y ritos externos del Islam.

Sucedió una vez que, volviendo de La Meca,
se detuvo en la ciudad iraní de Rey.
Los ciudadanos, que le veneraban,
acudieron en tropel a darle la
bienvenida y ocasionaron un gran
revuelo en toda la ciudad. Bayazid,
que estaba harto de tanta adulación,
aguantó hasta llegar a la plaza del
mercado. Una vez allí, compró una
hogaza de pan y se puso a comerla
a la vista de sus enfervorizados

seguidores. Era un día de ayuno del
mes de Ramadán, pero Bayazid consideró
que su viaje justificaba plenamente
la ruptura de la ley religiosa.

Pero no pensaban igual sus seguidores,
que de tal modo se escandalizaron de
su conducta que inmediatamente le
abandonaron y se fueron a sus casas.
Bayazid le dijo con satisfacción a uno
de sus discípulos: «Fíjate cómo, en el
momento en que he hecho algo contrario
a lo que esperaban de mí, ha desaparecido
la veneración que me profesaban».

Jesús escandalizó completamente a sus seguidores por parecidos motivos.

Las multitudes necesitan un santo a quien venerar, un guru a quien consultar.

Existe un contrato tácito: Tú has de responder a nuestras expectativas y, a cambio, nosotros te ofrecemos nuestra veneración. ¡El juego de la santidad!

GENTE «A RAYAS»

Por lo general dividimos a las personas en dos categorías: la de los santos y la de los pecadores. Pero se trata de una división absolutamente imaginaria. Por una parte, nadie sabe realmente quiénes son los santos y quiénes los pecadores; las apariencias engañan. Por otra, todos nosotros, santos y pecadores, somos pecadores.

> En cierta ocasión, un predicador
> preguntó a un grupo de niños: «Si
> todas las buenas personas fueran
> blancas y todas las malas personas
> fueran negras, ¿de qué color
> seríais vosotros?».
>
> La pequeña Mary Jane respondió «Yo.
> reverendo, tendría la piel a rayas».

Y así tendría también la piel el Reverendo, y los Mahatmas, y los Papas, y los santos canonizados.

Un hombre buscaba una buena iglesia
a la que asistir y sucedió que un día
entró en una iglesia en la que toda
la gente y el propio sacerdote estaban
leyendo el libro de oraciones y decían:
«Hemos dejado de hacer cosas que
deberíamos haber hecho, y hemos hecho
cosas que deberíamos haber dejado
de hacer».

El hombre se sentó con verdadero alivio
en un banco y, tras suspirar profundamente,
se dijo a sí mismo: «¡Gracias a Dios, al
fin he encontrado a los míos!»

Los intentos de nuestras *santas* gentes por ocultar su piel *rayada* muchas veces no tienen éxito y siempre son fraudulentos.

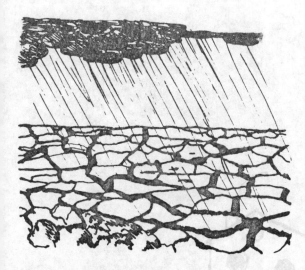

MUSICA PARA SORDOS

Yo antes estaba completamente sordo.
Y veía a la gente, de pie y dando toda
clase de vueltas. Lo llamaban baile.
A mí me parecía absurdo... hasta que
un día oí la música. Entonces comprendí
lo hermosa que era la danza.

Ahora veo la absurda conducta de los santos.
Pero sé que mi espíritu está muerto. De manera que suspendo
mi juicio hasta que esté vivo. Tal vez entonces comprenda.

Veo también el disparatado comportamiento de los que aman.
Pero sé que mi corazón está muerto.
De modo que, en lugar de juzgarlos, he comenzado a orar para
que un día mi corazón llegue a vivir.

RICOS

El marido:	«¿Sabes, querida? Voy a trabajar duro y algún día seremos ricos».
La mujer:	«Ya somos ricos, querido. Nos tenemos el uno al otro. Tal vez algún día también tengamos dinero»

EL PESCADOR SATISFECHO

El rico industrial del Norte se horrorizó
cuando vio a un pescador del Sur
tranquilamente recostado contra su barca
y fumando una pipa.

«¿Por qué no has salido a pescar?»,
le preguntó el industrial.

«Porque ya he pescado bastante por hoy»,
respondió el pescador.

«¿Y por qué no pescas más de lo que
necesitas?», insistió el industrial.

«¿Y qué iba a hacer con ello?»,
preguntó a su vez el pescador.

«Ganarías más dinero», fue la respuesta.
«De ese modo podrías poner un motor a tu
barca. Entonces podrías ir a aguas más
profundas y pescar más peces. Entonces
ganarías lo suficiente para comprarte
unas redes de nylon, con las que
obtendrías más peces y más dinero.
Pronto ganarías para tener dos barcas...
y hasta una verdadera flota. Entonces
serías rico, como yo».

«¿Y qué haría entonces?», preguntó
de nuevo el pescador.

«Podrías sentarte y disfrutar de la
vida», respondió el industrial.

«¿Y qué crees que estoy haciendo en
este preciso momento?», respondió
el satisfecho pescador.

Es más acertado conservar intacta la capacidad de disfrutar que
ganar un montón de dinero.

LOS SIETE TARROS DE ORO

*Al pasar un barbero bajo un árbol embrujado,
oyó una voz que le decía: «¿Te gustaría
tener los siete tarros de oro?». El barbero
miró en torno suyo y no vio a nadie. Pero
su codicia se había despertado y respondió
anhelante: «Sí, me gustaría mucho».
«Entonces ve a tu casa en seguida», dijo
la voz, «y allí los encontrarás».*

*El barbero fue corriendo a su casa. Y en
efecto: allí estaban los siete tarros,
todos ellos llenos de oro, excepto uno
que sólo estaba medio lleno. Entonces el
barbero no pudo soportar la idea de que
un tarro no estuviera lleno del todo.
Sintió un violento deseo de llenarlo;
de lo contrario, no sería feliz.*

*Fundió todas las joyas de la familia en
monedas de oro y las echó en el tarro.
Pero éste seguía igual que antes: medio
lleno. ¡Aquello le exasperó! Se puso a
ahorrar y a economizar como un loco,
hasta el punto de hacer pasar hambre a
su familia. Todo inútil. Por mucho oro que
introdujera en el tarro, éste seguía
estando medio lleno.*

De modo que un día pidió al Rey que le
aumentara su sueldo. El sueldo le fue
doblado y reanudó su lucha por llenar el
tarro. Incluso llegó a mendigar. Y el tarro
engullía cada moneda de oro que en él se
introducía, pero seguía estando
obstinadamente a medio llenar.

El Rey cayó en la cuenta del miserable y
famélico aspecto del barbero. Y le preguntó:
«¿Qué es lo que te ocurre? Cuando tu sueldo
era menor, parecías tan feliz y satisfecho.
Y ahora que te ha sido doblado el sueldo,
estás destrozado y abatido. ¿No será que
tienes en tu poder los siete tarros de oro?».

El barbero quedó estupefacto: «¿Quién os lo
ha contado, Majestad?», preguntó.

El Rey se rió. «Es que es obvio que tienes
los síntomas de la persona a quien el
fantasma ha ofrecido los siete tarros.
Una vez me los ofreció a mí y yo le
pregunté si el oro podía ser gastado o era
únicamente para ser atesorado; y él se
esfumó sin decir una palabra. Aquel oro
no podía ser gastado. Lo único que ocasiona
es el vehemente impulso de amontonar cada
vez más. Anda, ve y devuélveselo al fantasma
ahora mismo y volverás a ser feliz».

174

PARABOLA SOBRE LA VIDA MODERNA

*Los animales se reunieron en asamblea y
comenzaron a quejarse de que los humanos
no hacían más que quitarles cosas.*

*«Se llevan mi leche», dijo la vaca.
«Se llevan mis huevos», dijo la gallina.
«Se llevan mi carne y mi tocino», dijo
el cerdo. «Me persiguen para llevarse
mi grasa», dijo la ballena.*

Y así sucesivamente.

*Por fin habló el caracol: «Yo tengo algo
que les gustaría tener más que cualquier
otra cosa. Algo que ciertamente me
arrebatarían si pudieran: TIEMPO».*

Tienes todo el tiempo del mundo. Sólo hace falta que quieras
tomártelo. ¿Qué te detiene?

HOFETZ CHAIM

*En el siglo pasado, un turista de los
Estados Unidos visitó al famoso rabino
polaco Hofetz Chaim.*

*Y se quedó asombrado al ver que la casa
del rabino consistía sencillamente
en una habitación atestada de libros.
El único mobiliario lo constituían
una mesa y una banqueta.*

*«Rabino, ¿dónde están tus muebles?»,
preguntó el turista.*

*«¿Dónde están los tuyos?»,
replicó Hofetz.*

«¿*Los míos?* Pero si yo sólo soy un
visitante... Estoy aquí de paso...»,
dijo el americano.

«*Lo mismo que yo*», dijo el rabino.

Cuando alguien comienza a vivir más y más profundamente, vive
también más sencillamente.

Por desgracia, la vida sencilla no siempre conlleva profundidad.

EL CIELO Y EL CUERVO

Un cuento del Bhagawat Purana:

*Una vez volaba un cuervo por el cielo
llevando en su pico un trozo de carne.
Otros veinte cuervos se pusieron a
perseguirle y le atacaron sin piedad.*

*El cuervo tuvo que acabar por soltar
su presa. Entonces, los que le
perseguían le dejaron en paz y
corrieron, graznando, en pos del
trozo de carne.*

Y se dijo el cuervo: «¡Qué
tranquilidad…! Ahora todo el
cielo me pertenece».

Decía un monje Zen:

«Cuando se incendió mi casa
pude disfrutar por las noches
de una visión sin obstáculos de la luna».

¡QUIEN PUDIERA ROBAR LA LUNA...!

*El maestro Zen, Ryokan, llevaba una vida
sencillísima en una pequeña cabaña
al pie de la montaña. Una noche,
estando fuera el maestro, irrumpió
un ladrón en la cabaña y se llevó
un chasco al descubrir que no había
allí nada que robar.*

*Cuando regresó Ryokan, sorprendió al
ladrón. «Te has tomado muchas molestias
para visitarme», le dijo al ratero.
«No deberías marcharte con las manos
vacías. Por favor, llévate como regalo
mis vestidos y mi manta».*

*Completamente desconcertado, el ladrón
tomó las ropas y se largó.*

*Ryokan se sentó desnudo y se puso a
mirar la luna. «Pobre hombre», pensó
para sí mismo, «me habría gustado
poder regalarle la maravillosa
luz de la luna».*

EL DIAMANTE

*El sannyasi había llegado a las
afueras de la aldea y acampó bajo
un árbol para pasar la noche.
De pronto llegó corriendo hasta él
un habitante de la aldea y le dijo:
«¡La piedra! ¡La piedra! ¡Dame
la piedra preciosa!».*

«¿Qué piedra?», preguntó el sannyasi.

*«La otra noche se me apareció en
sueños el Señor Shiva», dijo el
aldeano, «y me aseguró que si venía
al anochecer a las afueras de la
aldea, encontraría a un sannyasi
que me daría una piedra preciosa
que me haría rico para siempre».*

*El sannyasi rebuscó en su bolsa
y extrajo una piedra. «Probablemente
se refería a ésta», dijo, mientras
entregaba la piedra al aldeano.
«La encontré en un sendero del
bosque hace unos días. Por supuesto
que puedes quedarte con ella».*

El hombre se quedó mirando la piedra
con asombro. ¡Era un diamante! Tal
vez el mayor diamante del mundo, pues
era tan grande como la mano de un hombre.

Tomó el diamante y se marchó.
Pasó la noche dando vueltas en la cama,
totalmente incapaz de dormir.
Al día siguiente, al amanecer,
fue a despertar al sannyasi y le dijo:
«Dame la riqueza que te permite
desprenderte con tanta facilidad
de este diamante».

PEDIR UN ESPIRITU CONTENTADIZO

*El Señor Vishnú estaba tan harto de
las continuas peticiones de su devoto
que un día se apareció a él y le dijo:
«He decidido concederte las tres cosas
que desees pedirme. Después no volveré
a concederte nada más».*

*Lleno de gozo, el devoto hizo su
primera petición sin pensárselo dos
veces. Pidió que muriera su mujer
para poder casarse con una mejor.
Y su petición fue inmediatamente
atendida.*

*Pero cuando sus amigos y parientes se
reunieron para el funeral y comenzaron
a recordar las buenas cualidades de su
difunta esposa, el devoto cayó en la
cuenta de que había sido un tanto
precipitado. Ahora reconocía que había
sido aboslutamente ciego a las virtudes
de su mujer. ¿Acaso era fácil encontrar
otra mujer tan buena como ella?*

De manera que pidió al Señor que la
volviera a la vida. Con lo cual sólo
le quedaba una petición que hacer. Y
estaba decidido a no cometer un nuevo
error, porque esta vez no tendría
posibilidad de enmendarlo. Y se puso
a pedir consejo a los demás. Algunos de
sus amigos le aconsejaron que pidiese
la inmortalidad. Pero ¿de qué servía la
inmortalidad —le dijeron otros— si no
tenía salud? ¿Y de qué servía la salud
si no tenía dinero? ¿Y de qué servía
el dinero si no tenía amigos?

Pasaban los años y no podía determinar
qué era lo que debía pedir: ¿vida, salud,
riquezas, poder, amor...? Al fin suplicó
al Señor: «Por favor, aconséjame lo
que debo pedir».

El Señor se rió al ver los apuros del
pobre hombre y le dijo: «Pide ser capaz
de contentarte con todo lo que la vida
te ofrezca, sea lo que sea».

LA FERIA MUNDIAL DE LAS RELIGIONES

*Mi amigo y yo fuimos a la feria. LA FERIA
MUNDIAL DE LAS RELIGIONES. No era una
feria comercial. Era una feria de la
religión. Pero la competencia era tan
feroz y la propaganda igual de
estruendosa.*

*En el «stand» judío nos dieron unos
folletos en los que se decía que Dios
se compadecía de todos y que los judíos
eran su pueblo escogido. Los judíos.
Ningún otro pueblo era tan escogido
como el pueblo judío.*

*En el «stand» musulmán supimos que Dios
era misericordioso con todos y que Mahoma
era su único profeta. Que la salvación se
obtiene escuchando al único profeta de Dios.*

*En el «stand» cristiano descubrimos que
Dios es Amor y que no hay salvación fuera
de la Iglesia. O se entra en la Iglesia, o
se corre el peligro de la condenación
eterna.*

186

Al salir pregunté a mi amigo: «¿Qué
piensas de Dios?». «Que es intolerante,
fanático y cruel», me respondió.

Cuando llegué a casa, le dije a Dios: «¿Cómo soportas estas cosas, Señor? ¿No ves que han estado usando mal tu nombre durante siglos?».

Y me dijo Dios: «Yo no he organizado la feria. Incluso me habría dado vergüenza visitarla».

DISCRIMINACION

*Volví inmediatamente a la feria de
la religión. Esta vez escuché un
discurso del sumo sacerdote de la
religión Balakri. Se nos dijo que
el profeta Balakri, nacido en la
Tierra Santa de Mesambia en el
siglo V, era el Mesías.*

*Aquella noche volví a encontrarme
con Dios. «¡Oh, Dios! Eres un gran
discriminador; ¿o no? ¿Por qué el
siglo V tiene que ser el siglo de la
iluminación y por qué Mesambia tiene
que ser la Tierra Santa? ¿Por qué
discriminas a otros siglos y a
otras tierras? ¿Qué tiene de malo
mi siglo, por ejemplo? ¿O qué
tiene de malo mi tierra?».*

*A lo que respondió Dios: «Una fiesta es
santa porque revela que todos los días
del año son santos. Y un santuario es
santo porque revela que todos los
lugares están santificados. Así
también, Cristo nació para mostrar que
todos los hombres son hijos de Dios».*

JESUS VA AL FUTBOL

*Jesucristo nos dijo que nunca había
visto un partido de fútbol. De manera
que mis amigos y yo le llevamos a que
viera uno. Fue una feroz batalla entre
los 'Punchers' protestantes y los
'Crusaders' católicos.*

*Marcaron primero los 'Crusaders'. Jesús
aplaudió alborozadamente y lanzó al
aire su sombrero. Después marcaron los
'Punchers'. Y Jesús volvió a aplaudir
entusiasmado y nuevamente voló su
sombrero por los aires.*

*Esto pareció desconcertar a un hombre que
se encontraba detrás de nosotros. Dio
una palmada a Jesús en el hombro y le
preguntó: «¿A qué equipo apoya usted,
buen hombre?».*

*«¿Yo?», respondió Jesús visiblemente
excitado por el juego. «¡Ah!, pues yo
no animo a ningún equipo. Sencillamente
disfruto del juego».*

*El hombre se volvió a su vecino de
asiento y, haciendo un gesto de desprecio,
le susurró: «Humm... ¡un ateo!».*

Cuando regresábamos, le informamos en pocas palabras a Jesús acerca de la situación religiosa del mundo actual. «Es curioso lo que ocurre con las personas religiosas, Señor», le decíamos. «Siempre parecen pensar que Dios está de su parte y en contra de los del otro bando».

Jesús asintió: «Por eso es por lo que Yo no apoyo a las religiones, sino a las personas», nos dijo. «Las personas son más importantes que las religiones. El hombre es más importante que el sábado».

«Deberías tener cuidado con lo que dices», le advirtió muy preocupado uno de nosotros. «Ya fuiste crucificado una vez por decir cosas parecidas, ¿te acuerdas?». «Sí ...y por personas religiosas precisamente», respondió Jesús con una irónica sonrisa.

ODIO RELIGIOSO

Le decía un turista a su guía:
«Tiene usted razón para sentirse
orgulloso de su ciudad. Lo que me
ha impresionado especialmente es
el número de iglesias que tiene.
Seguramente la gente de aquí
debe de amar mucho al Señor».

«Bueno...», replicó cínicamente el
guía, «tal vez amen al Señor, pero
de lo que no hay duda es de que se
odian a muerte unos a otros».

Lo cual me recuerda a aquella niña a la que preguntaron:
«¿Quiénes son los paganos?». Y ella respondió: «Los paganos
son personas que no se pelean por cuestiones de religión».

ORACION OFENSIVA Y DEFENSIVA

*El equipo de fútbol católico se
dirigía a jugar un importante partido.
Un periodista subió al mismo tren
y entrevistó al entrenador.*

*«Tengo entendido», le dijo el
periodista, «que llevan con ustedes
a un capellán para que rece por el
triunfo del equipo. ¿Tendría usted
inconveniente en presentármelo?».*

*«Con mucho gusto», respondió el
entrenador. «¿A cuál de ellos desea
conocer: al capellán ofensivo
o al defensivo?».*

IDEOLOGIA

Es abrumador lo que se puede leer acerca de la crueldad del hombre para con sus semejantes. He aquí un relato periodístico de la tortura practicada en modernos campos de concentración.

La víctima es atada a una silla metálica.
Entonces se le administran descargas
eléctricas, cada vez de mayor intensidad,
hasta que acaba confesando.

Con la mano ahuecada, el verdugo golpea
una y otra vez a la víctima en el oído,
hasta que el tímpano estalla.

Sujetan con correas a la víctima a un
sillón de dentista. El 'dentista', entonces,
comienza a perforar con el torno, hasta
llegar al nervio. Y la perforación prosigue
hasta que la víctima accede a cooperar.

El hombre no es cruel por naturaleza. Se hace cruel cuando es infeliz... o cuando se entrega a una ideología.

Una ideología contra otra; un sistema contra otro; una religión contra otra. Y en medio, el hombre, que es aplastado.

Los hombres que crucificaron a Jesús probablemente no eran crueles. Es muy posible que fueran tiernos maridos y padres cariñosos que llegaron a ser capaces de grandes crueldades para mantener un sistema, o una ideología, o una religión.

Si las personas religiosas hubieran seguido siempre el instinto de su corazón, en lugar de seguir la lógica de su religión, se nos habría ahorrado asistir a espectáculos como el de la quema de herejes o el de millones de personas inocentes asesinadas en guerras libradas en nombre de la religión y del mismo Dios.

Moraleja: Si tienes que escoger entre el dictado de un corazón compasivo y las exigencias de una ideología, rechaza la ideología sin dudarlo un momento. La compasión no tiene ideología.

CAMBIAR YO PARA QUE CAMBIE EL MUNDO

El sufi Bayazid dice acerca de sí mismo:
«De joven yo era un revolucionario y mi
oración consistía en decir a Dios: 'Señor,
dame fuerzas par cambiar el mundo'».
«A medida que fui haciéndome adulto y
caí en la cuenta de que me había pasado
media vida sin haber logrado cambiar a
una sola alma, transformé mi oración y
comencé a decir: 'Señor, dame la gracia
de transformar a cuantos entran en
contacto conmigo. Aunque sólo sea a mi
familia y a mis amigos. Con eso
me doy por satisfecho'».

«Ahora, que soy un viejo y tengo los días
contados, he empezado a comprender lo
estúpido que yo he sido. Mi única oración
es la siguiente: 'Señor, dame la gracia de
cambiarme a mí mismo'. Si yo hubiera orado
de este modo desde el principio, no habría
malgastado mi vida».

Todo el mundo piensa en cambiar a la humanidad.
Casi nadie piensa en cambiarse a sí mismo.

195

REBELDES DOMESTICADOS

Era un tipo difícil. Pensaba y actuaba de distinto modo que el resto de nosotros. Todo lo cuestionaba. ¿Era un rebelde, o un profeta, o un psicópata, o un héroe? «¿Quién puede establecer la diferencia?», nos decíamos. «Y en último término, ¿a quién le importa?».

De manera que le *socializamos*. Le enseñamos a ser *sensible* a la opinión pública y a los sentimientos de los demás. Conseguimos conformarlo. Hicimos de él una persona con la que se convivía a gusto, perfectamente *adaptada*. En realidad, lo que hicimos fue enseñarle a vivir de acuerdo con nuestras expectativas. Le habíamos hecho manejable y dócil.

Le dijimos que había aprendido a controlarse a sí mismo y le felicitamos por haberlo conseguido. Y él mismo empezó a felicitarse también por ello. No podía ver que éramos *nosotros* quienes le habíamos conquistado a él.

> *Un individuo enorme entró en la abarrotada*
> *habitación y gritó: «¿Hay aquí un tipo*
> *llamado Murphy?». Se levantó un hombrecillo*
> *y dijo: «Yo soy Murphy».*
>
> *El inmenso individuo casi lo mata. Le*
> *rompió cinco costillas, le partió la*
> *nariz, le puso los ojos morados y le*
> *dejó hecho un guiñapo en el suelo.*
> *Después salió pisando fuerte.*
>
> *Una vez que se hubo marchado, vimos con*
> *asombro cómo el hombrecillo se reía*
> *entre dientes. «¡Cómo he engañado a ese*
> *tipo!», dijo suavemente. «¡Yo no soy*
> *Murphy! ¡Ja, ja, ja!».*

Una sociedad que domestica a sus rebeldes ha conquistado su paz, pero ha perdido su futuro.

LA OVEJA PERDIDA

Parábola para educadores religiosos:

*Una oveja descubrió un agujero en la cerca
y se escabulló a través de él. Estaba
feliz de haber escapado. Anduvo errando
mucho tiempo y acabó desorientándose.*

*Entonces se dio cuenta de que estaba
siendo seguida por un lobo. Echó a correr
y a correr..., pero el lobo seguía
persiguiéndola. Hasta que llegó el
pastor, la salvó y la condujo de nuevo,
con todo cariño, al redil.*

*Y a pesar de que todo el mundo le instaba
a lo contrario, el pastor se negó a
reparar el agujero de la cerca.*

LA MANZANA PERFECTA

*Apenas había concluido Nasruddin su
alocución cuando un bromista de entre
los asistentes le dijo: «En lugar de
tejer teorías espirituales, ¿por qué
no nos muestras algo práctico?».*

*El pobre Nasruddin quedó absolutamente
perplejo. «¿Qué clase de cosa práctica
quieres que te muestre?», le preguntó.*

*Satisfecho de haber mortificado al mullah
y de causar impresión a los presentes,
el bromista dijo: «Muéstranos, por ejemplo,
una manzana del jardín del Edén».*

*Nasruddin tomó inmediatamente una manzana
y se la presentó al individuo. «Pero esta
manzana», dijo éste, «está mala por un
lado. Seguramente una manzana celestial
debería ser perfecta».*

*«Es verdad. Una manzana celestial debería
ser perfecta», dijo el mullah. «Pero, dadas
tus reales posibilidades, esto es lo más
parecido que jamás podrás tener a una
manzana celestial».*

¿Puede un hombre esperar ver una manzana perfecta con una
mirada imperfecta?

¿O detectar la bondad en los demás cuando su propio corazón
es egoísta?

LA ESCLAVA

Un rey musulmán se enamoró locamente
de una joven esclava y ordenó que la
trasladaran a palacio. Había proyectado
desposarla y hacerla su mujer favorita.
Pero, de un modo misterioso, la joven
cayó gravemente enferma el mismo día
en que puso sus pies en el palacio.

Su estado fue empeorando progresivamente.
Se le aplicaron todos los remedios
conocidos, pero sin ningún éxito. Y la
pobre muchacha se debatía ahora entre
la vida y la muerte.

Desesperado, el rey ofreció la mitad de
su reino a quien fuera capaz de curarla.
Pero nadie intentaba curar una enfermedad
a la que no habían encontrado remedio
los mejores médicos del reino.

200

Por fin se presentó un 'hakim' que
pidió le dejaran ver a la joven a solas.
Después de hablar con ella durante una
hora, se presentó ante el rey que
aguardaba ansioso su dictamen.

«Majestad», dijo el 'hakim', «la verdad
es que tengo un remedio infalible para
la muchacha. Y tan seguro estoy de su
eficacia que, si no tuviera éxito,
estaría dispuesto a ser decapitado.
Ahora bien, el remedio que propongo
se ha de ver que es sumamente doloroso...,
pero no para la muchacha, sino para
vos, Majestad».

«Di qué remedio es ése», gritó el rey,
«y le será aplicado, cueste lo que cueste».

El 'hakim' miró compasivamente al rey y
le dijo: «La muchacha está enamorada de
uno de vuestros criados. Dadle vuestro
permiso para casarse con él y sanará
inmediatamente».

¡Pobre rey...! Deseaba demasiado a la
muchacha para dejarla marchar. Pero la
amaba demasiado para dejarla morir.

¡Cuidado con el amor! Si te aventuras en él, él será para ti la
muerte.

CONFUCIO EL SABIO

*En cierta ocasión le decía Pu Shang
a Confucio: «¿Qué clase de sabio.eres
tú, que te atreves a decir que Yen Hui
te supera en honradez; que Tuan Mu Tsu
es superior a ti a la hora de explicar
las cosas; que Chung Yu es más valeroso
que tú; y que Chuan Sun es más
elegante que tú?».*

*En su ansia por obtener respuesta, Pu
Shang casi se cae de la tarima en la
que estaban sentados. «Si todo eso es
cierto», añadió, «entonces, ¿por qué
los cuatro son discípulos tuyos?».*

*Confucio respondió: «Quédate donde estás
y te lo diré. Yen Hui sabe cómo ser
honrado, pero no sabe cómo ser flexible.
Tuan Mu Tsu sabe cómo explicar las cosas,*

pero no sabe dar un simple 'sí' o un 'no'
por respuesta. Chung Yu sabe cómo ser
valeroso, pero no sabe ser prudente.
Chuan Sun Shih sabe cómo ser elegante,
pero no sabe ser modesto. Por eso los
cuatro están contentos de estudiar conmigo».

El musulmán Jalal ud-Din Rumi dice: «Una mano que está siempre abierta o siempre cerrada es una mano paralizada. Un pájaro que no puede abrir y cerrar sus alas, jamás volará».

¡OH, FELIZ CULPA!

El místico judío Baal Shem tenía una
curiosa forma de orar a Dios.
«Recuerda, Señor», solía decir, «que
Tú tienes tanta necesidad de mí como
yo de Ti. Si Tú no existieras, ¿a
quién iba yo a orar? Y si yo no
existiera, ¿quién iba a orarte a Ti?»

Me produjo una enorme alegría pensar que si yo no hubiera
pecado, Dios no habría tenido ocasión de perdonar. También
necesita mi pecado. Ciertamente, hay más alegría en el cielo
por un pecador que se arrepiente que por noventa y nueve justos
que no necesitan arrepentirse.

¡Oh, feliz culpa! ¡Oh, necesario pecado! Donde abunda el pecado,
sobreabunda la gracia.

EL COCO

Desde lo alto de un cocotero, un mono
arrojó un coco sobre la cabeza de un sufí.

El hombre lo recogió, bebió el dulce
jugo, comió la pulpa y se hizo una
escudilla con la cáscara.

Gracias por criticarme.

LA VOZ DEL CANTANTE LLENA LA SALA

Oído a la salida de un concierto:

«¡Vaya un cantante! Su voz llenaba la sala».
«Es cierto. Varios de nosotros tuvimos que
abandonar la sala para dejarle sitio»

¡Curioso! Pueden ustedes conservar sus asientos, señoras y señores; la voz del cantante llenará la sala, pero no ocupará ningún espacio.

*   *   *

Oído en una sesión de orientación espiritual:

«¿Cómo puedo amar a Dios tal como dicen
las Escrituras? ¿Cómo puedo darle todo
mi corazón?»

«Primero debes vaciar tu corazón de
todas las cosas creadas»

206

¡Engañoso! No temas llenar tu corazón con las personas y las cosas que amas, porque el amor de Dios no ocupará espacio en tu corazón, del mismo modo que la voz del cantante no ocupa espacio en la sala de conciertos.

* * *

El amor no es como una hogaza de pan. Si doy un pedazo de la hogaza, me quedará menos pan que ofrecer a los demás. El amor se parece más al pan eucarístico. Cuando lo recibo, recibo a Cristo en su totalidad. Pero no por ello recibes tú menor parte de Cristo; tú también recibes a Cristo entero; y también el otro; y el de más allá.

Puedes amar a tu madre con todo tu corazón; y a tu esposa; y a cada uno de tus hijos. Lo asombroso es que el dar todo tu corazón a una persona no te obliga a dar menos a otra. Al contrario, cada una de ellas recibe más. Porque si sólo amas a tu amigo y a nadie más, de hecho lo que le ofreces es un corazón bastante pobre. Tu amigo saldrá ganando si ofreces también tu corazón a los demás.

Y Dios saldría perdiendo si insistiera en que le entregaras tu corazón únicamente a El. Regala tu corazón a otros: a tu familia, a tus amigos... y Dios saldrá ganando cuando le ofrezcas a El todo tu corazón.

«GRACIAS» Y «SI»

¿Qué significa *amar* a Dios? A Dios no se le ama del mismo modo que se ama a las personas a las que uno puede ver, oír y tocar. Porque Dios no es una *persona* en el sentido en que nosotros usamos esta palabra. Dios es el Desconocido. El totalmente Otro. Dios está por encima de expresiones tales como *él* o *ella, persona* o *cosa.*

Cuando decimos que la audiencia llena la sala y que la voz del cantante llena también la sala, estamos empleando la misma palabra para referirnos a dos realidades totalmente diferentes. Cuando decimos que amamos a Dios con todo nuestro corazón y que amamos al amigo con todo nuestro corazón, estamos también empleando las mismas palabras para expresar dos realidades totalmente diferentes. Porque la voz del cantante en realidad no *llena* la sala. Y no podemos realmente *amar* a Dios en el sentido corriente de la palabra.

Amar a Dios con todo el corazón significa decir un «Sí» incondicional a la vida y a todo lo que la vida trae consigo. Aceptar sin reservas todo lo que Dios ha dispuesto con relación a la propia vida. Tener la actitud que tenía Jesús cuando dijo: «No se haga mi voluntad, sino la tuya». Amar a Dios con todo el corazón significa hacer propias las célebres palabras de Dag Hammarskjold:

> *Por todo lo que ha sido, gracias.*
> *A todo lo que ha de ser, sí.*

208

Esto es lo que únicamente puede darse a Dios. En este terreno Dios no tiene rival. Y comprender que en esto consiste amar a Dios significa, al mismo tiempo, comprender que amar a Dios no es obstáculo para amar incondicional, tierna y apasionadamente a los amigos.

La voz del cantante inunda la sala y sigue en posesión de la misma, prescindiendo de lo atestada de gente que la sala pueda estar. La presencia de mayor número de gente no es para ella ningún obstáculo. La única amenaza podría venir de una voz rival que pretendiera ahogarla. Dios conserva un dominio indiscutible sobre tu corazón, prescindiendo del número de personas que quepan en él. Tampoco es obstáculo para Dios la presencia de dichas personas. La única amenaza podría venir de un intento, por parte de esas personas, de desvirtuar el «sí» incondicional que tú pronuncias a todos los planes que Dios pueda tener acerca de tu vida.

SIMON PEDRO

Un diálogo tomado del Evangelio:

*«Y vosotros», preguntó Jesús, «¿quién
decís que soy Yo?».*

*Tomando la palabra Simón Pedro, respondió:
«Tú eres el Mesías, el Hijo del Dios vivo».*

*Y Jesús le dijo: «¡Bienaventurado eres,
Simón, hijo de Jonás, porque no te ha
revelado esto la carne ni la sangre, sino
mi Padre que está en los cielos!».*

Un diálogo de nuestros días:

Jesús: «Y tú ¿quién dices que soy Yo?».

Cristiano: «Tú eres el Mesías, el Hijo del
Dios vivo».

Jesús: «Muy bien respondido. Pero ¡qué pena
que lo hayas aprendido de la carne y
de la sangre y no te lo haya revelado
mi Padre que está en los cielos...!».

Cristiano: «Tienes razón, Señor. He sido engañado.
Alguien me dio la respuesta antes de
que tu Padre de los cielos tuviera
tiempo de hablar. Y me maravilla la
sabiduría que demostraste al no decir
nada a Simón y al dejar que tu Padre
hablara primero».

LA MUJER SAMARITANA

La mujer dejó en el suelo su cántaro
de agua y marchó a la ciudad. Y dijo
a la gente: «Venid y veréis al hombre
que me ha dicho todo cuanto he hecho.
¿No será el Mesías?».

Cristiano:

¡Qué lección, la de la samaritana...!
No dio respuestas. Se limitó a hacer
una pregunta y a dejar que los demás
encontraran la respuesta por sí solos.
Y eso que tuvo que sentir la tentación
de dar la respuesta, después de haber
oído de tus propios labios: «Yo soy el
Mesías, el que te está hablando».

Y fueron muchos los que se hicieron
discípulos tras escuchar sus palabras.
Y le dijeron a la mujer: «No creemos
por lo que tú has dicho, sino porque
nosotros mismos le hemos oído a El, y
sabemos que El es realmente el
Salvador del mundo».

Cristiano:

Me he contentado con saber acerca de Ti
de segunda mano, Señor. De las Escrituras
y de los santos; de Papas y predicadores...
Me habría gustado poderles decir a todos
ellos: «No creo por lo que vosotros
habéis dicho, sino porque yo mismo
le he escuchado a El».

IGNACIO DE LOYOLA

El místico del siglo XVI, Ignacio de Loyola.
decía de sí mismo que, en el momento de
su conversión, no tuvo a nadie que le
guiara, sino que el Señor en persona lc
instruyó como un maestro instruye a un niño.
Y al final llegó a decir que, aunque fueran
destruidas todas las Escrituras, él seguiría
creyendo lo que las Escrituras revelan,
porque el Señor se lo había revelado
a él personalmente.

Cristiano:

Yo no he tenido la misma suerte que Ignacio,
Señor. Por desgracia, ha habido demasiadas
personas a las que he podido acudir en busca
de orientación. Y ellas me han acosado con
sus constantes enseñanzas, hasta que, debido
al estrépito, apenas he podido escucharte a
Ti, por más que me esforzara. Nunca he tenido
la fortuna de tener un conocimiento de Ti
de primera mano, porque ellos solían decirme:
«Nosotros somos los únicos maestros que
has de tener; quien nos escucha a nosotros
a El le escucha».

Pero no tengo razón para echarles la culpa
o para lamentar que hayan estado presentes
en los primeros años de mi vida. Es a mí a
quien debo culpar. Porque no he tenido la
suficiente firmeza para silenciar sus voces;
ni el valor para buscar por mí mismo; ni la
determinación para esperar a que Tú hablaras;
ni la fe en que algún día, en algún lugar,
habrías de romper tu silencio y me hablarías.

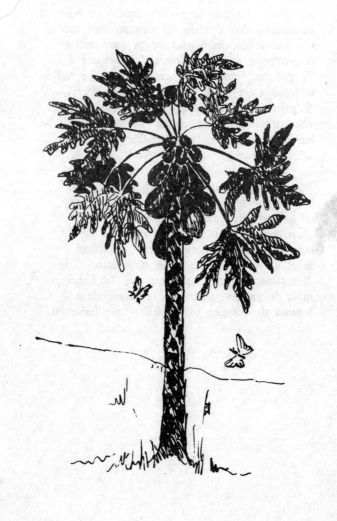